인식론
우리가 정말로 세계를 알 수 있을까?

민음 지식의 정원 철학편
004

인식론

우리가 정말로 세계를 알 수 있을까?

황설중

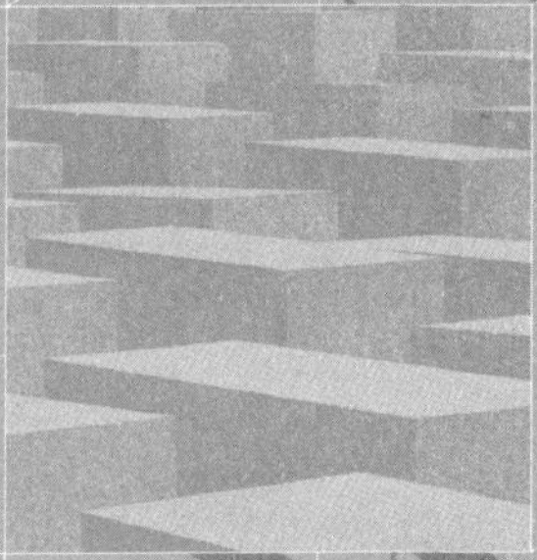

민음인

차례

머리말 우리가 정말로 세계를 알 수 있을까? 6

1 **세계에 관한 지식을 어디까지 믿을 수 있을까?** 9

2 **조금도 의심할 수 없는 것은 없을까?** 23
어떻게 직접적인 감각을 의심할 수 있을까?
내가 꿈꾸고 있는 것은 아닐까?
내가 악마에게 속고 있는 것은 아닐까?
내가 의심하고 있다는 것만은 의심할 수 없지 않을까?

3 **어떻게 우리는 외부 세계를 인식할까?** 37
그래도 우리는 외부 세계에 관해 무엇인가를 알 수 있지 않을까?
외부 세계에 관해 조금이라도 알 수 있을 거라는 희망은 헛된 것이 아닐까?
우리가 세계를 창조했을까?
신의 존재를 인정해야 할 이유가 있을까?
우리는 아무것도 알 수 없는 것이 아닐까?
아무것도 알지 못한다고 해서 문제될 것이 있을까?

4 **왜 우리는 세계를 인식할 수 없을까?** 73
철학적 회의주의를 구성하는 구체적인 논변은 무엇일까?
아그리파의 논변형식들이 무적인 이유는 무엇일까?

5	**우리는 회의주의로부터 벗어날 수 없을까?**	89

알 수 없기 때문에 믿어야 하는 것은 아닐까?
우리가 세계를 구성한 것은 아닐까?
이분법적 사유 방식에서 벗어나면 회의주의를 지양할 수 있지 않을까?
우리가 개념들을 사유하는 것이 아니라 개념들이 우리의 사유를 규정하는 것은 아닐까?
현상과 본질의 대립은 정당화될 수 있을까?

6	**인식론으로부터 벗어날 수 없을까?**	133

우리의 언어적 삶 자체가 최후의 근거를 제시하고 있지 않을까?
우리는 실제 언어생활에서 오류를 저지르지 않을까?
역사를 이해하는 우리에게 인식론이 무슨 문제일까?
우리가 인식론적 물음에 정력을 낭비할 필요가 있을까?

7	**다시 인식론으로?**	165

    더 읽어 볼 책들   172

머리말 우리가 정말로 세계를 알 수 있을까?

인간이 세계를 이해하고 설명하고자 할 때 "어떻게 세계를 알 수 있을까?" 하는 물음은 필수적으로 제기된다. 인간의 이성은 단순히 사과나무에 열린 사과를 따 먹는다고 만족하지 않는다. 만약 그랬다면 인간은 걱정 없이 아무 데서나 먹고 단잠을 자는 짐승의 수준에서 벗어나지 못했을 것이다. 인간이 인간이 된 중요한 요인 중의 하나는 사과를 앞에 두고 "어떻게 나는 이것을 사과로 알게 되었을까?"를 생각하는 데 있을 것이다. 우리는 우리를 둘러싸고 있는 세계에 일방적으로 흡수되는 존재가 아니라, 이 세계와 거리를 두고 대상 세계에 대한 우리의 앎을 해명해 보려는 호기심을 가진 지적 존재이다.

세계에 대한 우리의 지식은 정당화될 수 있을까? 또 정당화될 수 있다면 우리의 지식은 어디가 한계일까? 지식의 본성과 범위 그리고 확실성의 정도와 관련된 이와 같은 종류의 물음들은 철학의 시작과 더불어 등장하였다. 서양 철학사에 등장하는 철학자치고 지식의 획득 가능성과 정당성에 대한 문답을 시도하지 않는 철학자란 존재하지 않는다고 말해도 과언이 아니다. 이런 문제들을 다루는 유서 깊은 철학의 분과가 '지식론' 또는 '인식론'이다. 인식론적 물음은 매우 근본적이고 추상적인 성격을 지니고 있는데, 이것은 어떤 특정한 지식의 유형이 아니라 지식 자체의 본성과 가능성을 문제 삼고 있기 때문일 것이다.

이 책의 주제는 "우리가 세계를 알 수 있을까?"라는 전형적인 인식론의 물음이다. 이 책은 핵심적인 인식론 입장들의 등장과 함께 인식론에서 현저한 발전을 성취했던 근세 철학의 흐름을 주된 배경으로 삼고 있다. 그러나 단순히 어떤 철학자가 어떤 인식론을 전개했다는 식의 단편적인 정보를 제공하는 것에서 그치지 않았다. 왜 특정 유형의 인식론이 다른 유형의 인식론으로 전개되었는지 그 필연성을 밝혀 독자들이 좀 더 깊이 인식론의 철학사적 발전을 이해하고 인식론의 주요 문제를 자연스럽게 알 수 있도록 하였다. 무엇보다 (여타의 인식론 관련 책에서는 별로 다루지 않은) 회의주의라는 철학의 적(敵)과 이 회의주의를 극복하려는 인식론적 시도들 간의 피할 수 없는 전선(戰線)에 주목하였고, 이런 싸움이 현대 인식론의 입장에서도 그대로 관철되고 있음을 보여 주려 하였다. 이를 통해 독자들은 과거의 인식론의 문제가 박물관적 관심사가 아니라 현재에도 생생하게 진행되고 있는 쟁점임을 어렵지 않게 간파할 수 있을 것이다.

물론 우리는 "우리가 정말로 무엇을 알 수 있을까?"에 관해 고심하지 않아도 축구공을 차고, 버스를 타고, 금붕어를 키우며, 잠을 잘 수 있다. 그러나 일상생활에 필수적이지 않다고 해서 곧 그 물음이 무가치한 것은 결코 아니다. 삶이 단순히 생명의 연장만을 가리키는 것이라면, 음악이 없어도, 시가 없어도, 미술이 없어도, 학문이 없어도 삶을 영위하는 데는 전혀 지장이 없다. 그러나 이런 삶이 인간다운 삶이라고 주저 없이 말할 수는 없을 것이다. 인식론적 물음들이 우리의 일상사로부터 아무리 동떨어져 있는 듯이 보인다 해도, 우리가 세계와 우리 자신을 이해하고 파악하는 것이 우리의 삶에서 본질적이라면 그 물음들을 회피할 수는 없다.

인간의 삶은 무반성적인 생존의 지속이 아니라 끊임없이 삶 자체에 대한 반성을 수행함으로써 유지되고 고양될 수 있다. 그냥 사는 것이 아니라 "왜 사는가?"를 묻고 의심하고 자기 삶을 반성함으로써 우리는 좀 더 가치 있고 고양된 삶을 누리게 되지 않을까? 마찬가지로 세계에 관한 지식을 그대로 수용하지 않고, 그 지식의 정당성을 의심하면서 우리가 지닌 지식의 성격과 한계를 적확하게 간파할 때 비로소 우리는 언제나 자기를 반성하는 깨어 있는 삶을 살 수 있지 않을까?

1

세계에 관한 지식을
**어디까지
믿을 수 있을까?**

우리 모두는 세계가 엄연히 존재하고 있다고 믿는다. 서울에는 남산이 있고, 청계천이 흐르고 있고, 나의 앞에 잘 익은 사과가 있고, 위를 쳐다보면 하늘을 날고 있는 비행기가 있다. 나는 남산 타워를 올라갔고, 청계천 노변을 따라 산책을 했으며, 내 앞에 있는 사과를 깎아 먹었고, 하늘을 날고 있는 비행기를 보았다. 우리 바깥에 이런 사물들의 세계가 존재하고 있다는 것은 너무나 명확해 보인다. 그래서 그것들을 의심하는 일은 부질없는 짓처럼 여겨질 정도이다.

우리 바깥에 세계가, 즉 산과 강과 바다와 하늘과 땅과 나무와 건물과 책 등으로 이루어진 세계가 실제로 존재한다는 사실을 어떻게 부정할 수 있을까? 오늘 낮에 친구와 함께 먹었던 김치 라면의 존재를 어떻게 의심할 수 있을까? 나는 분명히 그 김치 라면을 만졌고 보았고 먹었다. 라면이라는 물리적 대상의 존재는 기본적으로 나의 다섯 개의 감각인 시각, 청각, 촉각, 후각, 미각을 통해서 확인되었다. 더군다나 나는 지금도 그 라면의 맛과 색깔과 냄새를 기억할 수 있다. 사정이 이렇다면 라면의 존재, 세계의 존재를 믿지 않는다는 것은 매우 어리석은 일처럼 보인다.

우리 바깥에 세계가 존재한다는 신념은 우리의 삶과 앎을 구성하는 가장 기초적인 요소이며, 외부 세계의 존재에 대한 우리의 신념의 문제는 매우 단순하고 명확한 것 같다. 우리 바깥에 외부 세계가 존재하는 것이 이렇듯 명백하다면 탐구해야 할 어떤 문제도 없는 것 아닐까? 단적으로 말해서 문제가 전혀 없는 것 아닐까? 그렇다면 아무 문제도 아닌 것을 문제시하는 일이야말로 시간과 정력의 낭비가 아닌가?

그러나 심각하게 고려해야 할 물음이 있음에도 단순히 친숙하다는 이유만으로 그 물음을 보지 못하고 그냥 넘어간다면, 이것이 우리에게 주는 (아무것도 문제될 것이 없다는 식의) 평화는 기만적인 위안에 불과하다. 이 경우 문제가 해결되기는커녕 해결해야 할 문제로서조차 드러나지 않고 있다. 그렇기 때문에 가장 나쁘게도 문제는 해결될 가능성이 전혀 없는 것이다. "어떤 문제가 왜 문제일 수밖에 없는가?"를 깨닫는 것은 그 문제를 해결하거나 숙고하는 데 있어 하나의 결정적인 진보라고 볼 수 있다.

어떤 사태에 익숙하다고 해서 문제가 해결된 것은 아니다. 오히려 이런 빤한 친숙함이 진지한 탐구를 방해할 때가 있는데, 그 이유는 친숙함이 문제의식을 없애 버리기 때문이다. 떨어지는 사과의 현상에 익숙하게 되면, "왜 사과는 밑으로 떨어질까?"라는 물음은 떠오르지 않게 된다. 외부 세계의 존재에 대한 우리의 앎의 문제도 마찬가지이다. 우리는 외부 세계가 존재한다는 신념을 너무나 당연하게 받아들여서 이 신념의 정당성을 묻지 않는다. 그러나 신념의 정당성을 묻는 순간 모든 것은 변한다. "왜 우리는 외부 세계가 존재한다는 것을 믿어야 할까?" 달리 표현하면 "어떻게 우리는 외부 세계가 존재한다는 것을 알 수 있는가?" 하는 물음이 새롭게 등장하는 것이다.

이런 물음 앞에서 "나는 외부 세계가 존재한다고 절대적으로 믿는다."는 대답은 적절한 대답으로 간주될 수 없다. 왜냐하면 "그것을 왜 믿을 수 있는가?"를 지금 묻고 있기 때문이다. 직관이나 계시, 혹은 느낌에 의존하는 진술이나 주장은 객관적이며 보편적인 이유를 결여하고 있는 경우가 많다. "어떻게 당신은 신이 존재한다는 것을 아는가?"라는 물음에 대해서 "나는 신이 존재한다는 것을 직관에 의해서 알게 되었다."고 대답하는 것은 적어도 학문적인 차원에서는 적절한 근거 제시라고 볼 수 없다. 이런 종류의 답변은 지극히 개인적이며 주관적인 영역에 머물러 있을 뿐이다. 어떤 주장이 (이성적인) 사람들에 의해 공적으로 논의될 수 있기 위해서는 단순히 어떤 주장의 제시가 아니라 그 주장에 대한 객관적인 근거의 제시가 주제화되어야 한다.

이런 맥락에서 이제 "어떻게 외부 세계가 존재한다는 것을 알 수 있는가?" 하는 물음에 대해, 우선 우리는 오감을 통해 직접 세계를 경험하기 때문이라고 대답할 수 있다. 어항에 금붕어가 있다는 것을 어떻게 아는가? 바로 우리가 어항 속의 금붕어를 보고 있기 때문이라고 말할 수 있다. 우리들 대부분은 오감을 통해 자동차, 금붕어, 사과, 라면, 잡지 등을 직접 지각(감각)할 수 있기 때문에 우리 바깥에 물리적 대상이 존재한다고 믿는다. 우리들 대부분은 이렇게 물리적 대상이 우리 밖에 엄연히 존재하고 있어서 우리가 오감을 통해 그것을 알게 된다는 견해를 갖고 있다. 우리들이 우선 그리고 대체로 갖게 되는 이런 견해는 **상식적 실재론**(commonsense realism) 혹은 **소박 실재론**(naive realism)이라고 불린다.

왜 축구 운동장의 잔디는 초록색인가? 이 물음에 대해 상식적 실재론자는 오감을 통해 지각할 수 있듯이 초록색인 잔디가 우리 바깥에 정말로 존재하기 때문이라고 주장한다. 잔디와 그것이 지닌 속성은 우리가 그것을 지각하든 그렇지 않든 간에 상관없이 계속해서 존재한다. 상식적 실재론을 포함하여 모든 형태의 실재론은 (그것이 실재론인 이상) 물리적 대상이 우리 외부에 독립적으로 존재한다는 입장을 고수한다.

| 상식적 실재론 |

외부 세계 ⟶ 우리의 마음

그렇다면 상식적 실재론은 외부 세계에 관한 지식과 관련하여 만족할 만한 견해인가? '상식', '소박'이라는 단어를 통해서 이미 감지할 수 있듯이, 이 입장은 물리적 대상의 존재에 관한 앎에 대하여 심각하게 숙고해 보지 않은 상태를 가리킨다. 상식적 실재론은 세계에 대한 우리의 지식과 관련하여 사실상 가장 초보적인 단계에 속한다. 그것은 우리의 감각 기관이 신뢰할 만하다는 전제를 깔고 있다. 그런데 이런 전제는 감각의 신뢰성을 겨냥한 회의적 논변들에 너무나 손쉽게 굴복당한다.

이미 고대의 **피론주의자**들이 우리의 감각 기관을 통한 지각 정보들이 얼마나 신뢰할 수 없는가를 상세하게 논구한 바 있다. 피론주의자들은 서양 철학에서 **회의주의**를 본격적으로 개진하기 시작한 피론(Pyrrhon, ?B.C.360~?B.C.270)을 추종하는 일군의 철학자들을 가리킨다. 그들 가운데 특히 아에네시데모스(Aenesidemus, ?B.C.100~?)가 전개한 회의적 논변들은 상식적 실재론자에게는 일종의 재난과도 같다. 그의 논변들은 판단 대상들의 외적인 조건에 의해서뿐만 아니라 판단하는 주체들의 내적 조건에 의해서도 감각 경험이 얼마나 상이할 수 있는가를 설득력 있게 보여 준다. 그의 몇몇 논변들을 간략하게 살펴보면 다음과 같다.

(1) 동일한 인간 종이라 하더라도 사람들 간에는 커다란 차이가 있다. 어떤 사람에게 고기는 소화가 잘 되지만 어떤 사람에게는 설사를 일으킨다. 따라서 고기가 정말 어떤 것인지에 관해서는 판단을 유보해야 한다. 특히 각각의 인간의 특이 체질은 서로 다른 감각 경험을 낳는다. 예컨대 그늘 속에서 따뜻함을 느끼는 사람이 있는가 하면, 독을 먹고도 아무런 해

도 입지 않는 사람이 있다. 따라서 '그늘'과 '독'은 객관적이지 않다. 왜냐하면 어떤 사람은 이렇게 감각하는 반면, 또 다른 사람은 저렇게 감각하기 때문이다.

(2) 동일한 사람의 감각이라 하더라도 그 감각들은 서로 차이가 난다. 동일한 사람의 상이한 감각들은 동일한 대상조차 상이하게 감각한다. 감각들은 서로 조화를 이루지 못한다. 예컨대 동일한 사람에게도 꿀은 혀에는 달콤하나 눈에는 불쾌한 느낌일 것이다. 또 눈으로 볼 경우 돌출된 그림이 촉각에 의해서는 그렇지 않기도 하다. 그러므로 꿀이나 그림 자체의 본성에 대해서 말하는 것은 불가능하다.

(3) 그런가 하면 동일한 감각에서조차 판단하는 주체가 처한 상황에 의해 여러 차이가 발생한다. 슬픔에 잠겼는가 기쁨에 들떴는가에 따라, 자신감에 차 있느냐 두려움에 떨고 있느냐에 따라, 깨어 있느냐 취해 있느냐에 따라 동일한 대상에 대해 갖는 감각은 확연히 다르다. 판단하는 주체의 상태나 심경 변화는 어떤 것이 진정 무엇인가에 대한 주장을 하지 못하도록 만든다. 어떤 것이 나에게 혹은 우리에게 단지 그렇게 보인다고 말할 수 있을 뿐이다.

(4) 물리적 대상을 감각하는 사람이 어떤 장소, 위치, 거리에서 감각하느냐에 따라 동일한 대상도 달리 감각된다. 먼저 장소의 경우, 램프의 불빛은 밝은 곳에서는 희미하게 보이는 반면 어두운 곳에서는 밝게 보인다. 위치의 경우, 긴 복도의 끝에서 다른 복도의 끝을 보면 점차 가늘게 보인다. 그러나 실제로 복도의 끝에 가 보면 그 복도의 폭은 처음 복도의 폭과 같다. 거리도 마찬가지이다. 고층 건물을 멀리서 볼 때 그것은 가까이서 보았을 때보다 작게 보인다. 이렇게 감각이 다른 감각과 대립됨으로써 감각은 물리적인 사물들이 정말로 어떤 것인가를 표현할 수 없음이 드러난다.

(5) 그런가 하면 물리적 대상은 단일하게 즉 고립적으로 감각되는 것이 아니라 언제나 어떤 다른 요소와 결합하여 감각된다. 예컨대 같은 소리도 텅 빈 장소인가 그렇지 않은 곳인가에 따라 다르게 들린다. 배의 노는 물에 잠기면 휘어져 보인다. 이런 혼합은 판단하는 주체에서도 등장한다. 눈들은 서로 상이한 피막과 액체들로 이루어져 있고, 귀는 상이한 청도(聽道)를 지닌다. 따라서 빛과 소리의 감각들은 순수한 형태로 인간에게 도달될 수 없다.

(6) 물리적 대상들은 그 대상들의 양과 합성에 따라 다르게 감각된다. 양과 관련해서 보면, 적당한 양의 술은 원기를 북돋우지만 과도한 양의 술은 피로하게 만든다. 합성과 관련한 예를 들어 보면, 모래알은 거친 것으로 보이지만 그 모래알이 모여 모래 더미를 이룰 경우에는 부드러운 인상을 준다. 유리는 투명하지만 유리를 밟아서 깨 버릴 경우 그것은 불투명해진다. 따라서 술과 유리가 원래 무엇인지를 우리는 파악할 수 없다.

위와 같이 아에네시데모스의 논변들은 물리적 대상이 다른 물리적 대상과 관계할 뿐 아니라 결국 그것들을 감각하고 판단하는 주체(사람)와 관련을 맺고 있기 때문에, 그것은 결코 (그것을 감각하는 우리와 무관하게) 독립적으로 지각될 수 없음을 보여 준다. 요컨대 물리적 대상의 속성들이 우리의 매개나 가공을 거치지 않고 직접적으로 순수하게 우리에게 전달될 수 있는 길은 없다는 것이다. 아에네시데모스는 "모든 것은 다른 것과의 관계 안에서만 존재한다."고 강조하고 있는데, 이것은 우리 바깥에 독립적으로 외부 세계가 존재하고 있고, 우리가 오감을 통해 그것의 진짜 본성(the real nature of external world)을 알 수 있다고 믿는 상식적 실재론이 사실상 매우 독단적인 견해임을 시사해 준다.

아에네시데모스의 논변은 다음과 같은 논리적 구조를 갖는다. ① X가 K에게는 P로 나타난다. → ② X가 K'에게는 P'로 나타난다. → ③ K에게 나타난 현상 P와 K'에게 나타난 현상 P' 중 어떤 것이 사태의 본성을 말해 주는 것인지 결정한다는 것은 불가능하다. → ④ 따라서 X가 정말로 어떤 것인지에 관해서는 판단을 유보해야 한다.

존재의 참된 본성에 관한 지식을 우리가 가질 수 없다는 이런 종류의 회의적 논변 앞에서 우리의 감각이 순수하게 외부 세계에 관한 지식을 제공해 준다는 상식적 실재론은 유지되기 곤란하다. 감각(지각)을 통한 세계에의 접근은 바로 그 감각이 갖는 상이성과 착각의 가능성에 의해, 말하자면 여타의 감각 대상들과 주체와의 관련성으로 인해 오히려 참다운 세계에 접근할 수 없다는 것만을 드러낼 뿐이다. 외부의 세계는 우리의 오감에 의해 지각되는 세계가 아닌 듯하다. 회의적 논변들은 물리적 대상과 관련해서 우리는 "그것이 어떻게 우리에게 나타나는가?"의 현상에 관해서만 말할 수 있을 뿐, "그것이 정말 어떤 것인가?"의 실재에 관해서는 무엇이라 주장할 수 없음을 극명하게 보여 준다.

이렇듯 철학적 회의주의는 세계에 관한 지식 일반의 가능성을 부정한다. 인간에게 허용된 영역은 실재가 아니라 단지 가상으로서의 현상에 한정된다. 실재 세계와 현상 간의 이런 이분법적 대립 구도야말로 회의주의를 성립시키는 요체라고 할 수 있다. 철학적 회의주의는 상식적 실재론을 포함하여 우리가 외부 세계의 참된 본성을 알고 있다고 주장하는 온갖 형태의 입장을 독단주의로 규정하고 공격한다. 아에네시데모스의 논변에서 쉽게 볼 수 있듯이, 철학적 회의주의자는 실재와 현상을 분리하면서 "왜 우리가 세계의 참된 실재에 관해 단정할 수 없는가?"에 관한 논변을 제공한다. 피론주의의 창시자인 피론은 우리 외부의 물리적 대상의 존재를 의심하여 달려오는 마차에 자기 몸을 던지곤 했으며, 항상 그의 뒤를 따르는 친구들에 의해 구조 받았다는 (명백하게 날조된) 일화까지 전해져 내려올 정도이다.

 회의적 논변들을 통해 우리가 상식적으로 가졌던 세계에 관한 믿음이나 지식이 그리 신뢰할 수 없다는 점이 손쉽게 드러난다는 사실은 우리가 당면한 문제가 간단치 않음을 단적으로 말해 준다. 세계에 관한 우리의 지식이란 현상에 한정된다는 회의주의자들의 언급은 세계에 관한 직접적인 지식을 주장하는 상식적 실재론을 넘어서서 좀 더 문제 안으로 깊숙이 들어갈 것을 우리에게 요구한다. 실제 세계에 접근할 수 없다면, 세계에 관한 지식을 갖는다는 것은 아예 불가능하지 않을까? 그렇지 않다면 우리는 어느 정도로 바깥에 있는 저 대상에 관해 알 수 있을까? 우리와 대상과의 관계는 정확히 무엇인가?

2

조금도 **의심**할 수 없는 것은 없을까?

- 어떻게 직접적인 감각을 의심할 수 있을까?
- 내가 꿈꾸고 있는 것은 아닐까?
- 내가 악마에게 속고 있는 것은 아닐까?
- 내가 의심하고 있다는 것만은 의심할 수 없지 않을까?

어떻게 직접적인 감각을 의심할 수 있을까?

　회의주의자들이 말한 것처럼 우리가 서로 상이한 감각 경험을 할 수밖에 없다면, 그리고 우리의 감각이 종종 착각을 일으킨다는 것을 부정할 수 없다면 감각이 세계를 아는 데 있어 우리를 바르게 인도한다고 우리는 결코 확신할 수 없을 것이다. 더군다나 우리는 환각을 경험하는 경우도 있다. 술에 취한 상태에서 우리는 전봇대가 달려드는 것과 같은 경험을 한다. 알코올 중독자는 검은 허리띠가 마치 뱀처럼 자기를 공격한다고 믿고 허리띠를 두려워한다. 물론 그것은 뱀이 아니라 허리띠이다.

　이런 회의적 논변들은 우리의 감각이 세계에 관한 지식을 직접적으로 제공해 준다는 우리의 일상적 신념(상식적 실재론)이 정당화될 수 없음을 폭로해 준다. 회의주의자들은 어떤 것이 나타나는 방식과 그것이 정말로 존재하는 방식을 구별하고, 우리가 접근할 수 있는 영역은 우리에게 나타나는 것(현상)에 한정된다고 말한다. 우리가 현상을 지각할 수 있기는 하지만 이 현상으로부터 정말로 존재하는 것(실재)에로 넘어갈 수는 없다는 것이다. 말하자면 우리는 현상만을 지각할 수 있을 뿐 실재의 본모습(즉자)을 파악할 수는 없기 때문에 우리는 사물들이 정말로 어떤 것인지를 말할 수 있는 어떤 권리도 갖고 있지 않다.

그러나 감각하고 판단하는 주체의 내적 조건과 감각 대상의 외적 조건에 따라 대상이 상이하게 나타나거나 혹은 착각으로 인해 잘못 감각될 수 있다는 점을 인정한다 하더라도, 지금 여기에서 보고 있는 내 방의 커튼이 파란색이라는 것을 내가 진정으로 의심할 수 있을까? 내가 지금 여기 학교 앞 분식집에 있다는 것은 그야말로 감각적으로 확실한 것 아닌가?

시각적인 질병을 갖고 있지 않은 사람이 육안으로 커튼을 본다는 조건하에서, 누군가 낮에 내 방의 커튼을 본다면 그는 분명히 그것을 파란색으로 볼 것이다. 반면 마찬가지의 조건하에서 누군가 밤에 내 방의 커튼을 본다면 그는 분명히 그것을 검은색으로 볼 것이다. 내 방의 커튼이 낮에는 파란색으로, 밤에는 검은색으로, 저녁녘에는 군청색으로 보인다는 것은 논의의 여지없이 인정할 수 있을 것이다. 그렇다면 동일한 사람이 동일한 대상에 대해 갖는 감각의 상이성을 인정한다 하더라도, 착각이나 환각을 예방할 수 있는 특정한 조건하에서, 우리가 지금 여기서 이렇게 (파랗게, 검게 혹은 군청으로) 생생하게 구체적으로 감각하는 것만은 확실한 것처럼 보인다. 이 경우 우리는 감각의 확실성을 기초로 해서 세계에 관한 믿을 만한 지식을 구성할 수 있을 것이다.

내가 꿈꾸고 있는 것은 아닐까?

내가 지금 여기 학교 앞 분식집에서 라면을 훌훌 불어 가며 먹고 있다는 것만은 의심할 수 없는 것처럼 보인다. 그러나 **데카르트**(Rene Descartes, 1596~1650)에 의하면 이런 감각의 확실성조차 절대적으로 의심할 수 없는 것으로 인정할 수 없다. 근세 철학의 아버지인 데카르트는 의심할 수 있는 모든 것을 의심하라고 권유하고 있는데, 그에 따르면 우리의 감각이 우리를 속일 수 있다고 상상하는 것이 사실상 불가능한 경우에도 우리는 얼마든지 그것을 의심할 수 있다. 예컨대 나는 잠자면서 "내가 지금 여기 학교 앞 분식집에서 라면을 훌훌 불어 가며 먹고 있다."고 꿈꿀 수 있다. 누군가 "내가 지금 여기 서울 제기동에 있다는 것만은 부정할 수 없다."고 주장해도, 회의주의자는 (데카르트의 꿈의 논증을 빌려 와서) 그것은 당신이 해외여행을 하는 중에 지쳐 실제로는 독일의 프랑크푸르트에서 잠자면서도 "나는 지금 여기 서울 제기동에 있다고 꿈을 꾸는 것일 수 있다."고 반박할 것이다.

꿈이 아니고 생시라는 것을 입증하기 위해 내가 나의 볼을 꼬집어 본다고 하자. 나는 분명 생생한 아픔을 느낄 것이다. 이 아픔은 내가 꿈꾸는 것이 아니라 깨어 있다는 것을 말해 주는 것 아닌가? 그러므로 내가 나의 볼을 꼬집어 아픔을 느끼면서 "나는 지금 여기 서울 제기동에 있다."고 언급할 때, 이 감각 경험만은 의심할 수 없을 것이다. 그러나 이런 견해에 맞서 회의주의자는 내가 독일의 프랑크푸르트에서 잠자면서 "내가 볼을 꼬집고 아파하며 지금 여기 서울 제기동에 있다."고 주장하는 꿈을 꾸는 것인지도 모른다고 말할 것이다. 감각의 확실성을 내세우는 사람에게 이런 반박은 무한히 지속될 수 있을 것이다.

물론 우리 삶의 전체가 꿈일 수는 없을 것이다. 그러나 문제의 관건은 어떤 때 깨어나 있고 어떤 때 꿈꾸고 있는지를 결정적으로 구분해 줄 수 있는 지표가 분명하지 않다는 것이다. 회의주의자가 강조하고자 하는 점 역시 우리가 언제나 꿈을 꾸고 있다는 것이 아니라, 정해진 순간에 우리가 꿈을 꾸고 있는지 아닌지를 확신할 수 없다는 것이다. 우리들 대부분은 실제 생활과 혼동될 만큼 생생한 꿈을 꾼 경험을 갖고 있다. 또한 흔한 일은 아니지만 우리는 '투명한 꿈(lucid dream)'을 꾼다. 투명한 꿈이란 꿈꾸는 사람이 꿈을 꾸고 있다는 것을 의식하면서도 계속해서 꿈을 꾸는 그런 종류의 꿈을 말한다.

내가 악마에게 속고 있는 것은 아닐까?

그렇다면 우리가 기억하고 있는 것은 어떤가? 우리가 생생하게 기억하고 있는 것들은 그저 공상의 산물은 아닐 것이다. 그러나 기억이 감각과 마찬가지로 아무리 직접적이며 구체적이라 하더라도 신뢰하기 곤란하다는 것은 이미 널리 알려진 사실이다. 학교 앞 분식집에서 친구와 라면을 먹은 기억이 뚜렷한데도 실제로 학교 앞에 그 분식집이 존재하지 않아 놀란 적이 있는 종류의 경험을 우리들 대부분은 갖고 있다. 이런 놀람은 기억의 신뢰성을 손상시키는 데에 충분하다.

만약 기억에 있어 어떤 오류도 없는 비상한 기억력의 소유자가 있다고 가정할 경우 우리는 금방 공상 과학 영화의 한 장면을 떠올릴 수 있다. 그 사람의 완벽한 기억은 어떤 미친 과학자에 의해 프로그램화되어 그 사람이 모르는 사이에 입력된 것일지 모른다. 기억을 지우고 새로 만드는 능력을 갖춘 사악한 과학자가 있다면, 그 사람의 기억력이 아무리 비범하다 하더라도 그것은 세계에 관한 진정한 지식이 아니라 진정한 지식으로 믿게끔 만들어진 가공의 지식에 그칠 뿐이다.

　어쩌면 기억을 하고 있는 주체로서 '나'라는 존재조차 없을지도 모른다. 나는 기껏해야 화학 물질이 든 '단지 안에 떠다니는 뇌(a brain in a jar)'에 불과한데, 사악한 과학자가 내 뇌를 자극하여 마치 나라고 하는 존재가 있는 것처럼 착각하게 만들 수도 있지 않을까? 나의 기억뿐 아니라 나의 오감을 통해 들어온 모든 자료들이 사실은 내가 기억하고 감각한 것들이 아니라, 호기심 많은 과학자가 실행한 뇌의 전기 실험에 의해 그렇게 기억하고 감각하게끔 자극 받은 것일지도 모른다. 최근 뇌 과학 분야에서 행해진 실험 결과에 의하면 뇌의 좌측 전두야 부위를 자극할 경우 피실험자는 자연스럽게 종교적인 황홀경에 빠진다고 한다. 이 실험은 하나님과 만나는 신비한 경험은 (하나님의 실질적인 존재에 의해서가 아니라) 우리의 두 뇌 안에 있는 종교적 경험을 관장하는 일정한 신경망에 의해 산출된 것일 수 있음을 암시하고 있다.

그러나 나의 기억이 세뇌와 실험 자극의 결과일지 모른다 하더라도 산술학과 기하학의 진리는 부정할 수 없지 않을까? "둘 더하기 셋은 다섯이다.", "삼각형은 세 개의 변을 갖는다."와 같은 종류의 명제들은 어떤 의심으로부터도 완전히 면제되는 것처럼 보인다.

그러나 데카르트는 사악한 과학자보다 더 '사악한 악마(evil demon)'라는 개념을 끌어들여 매우 명확한 것처럼 통용되는 수학적 공리마저도 의심의 대상으로 전락시킨다. 사실은 '둘 더하기 셋이 넷'인데도 사악한 악마가 '둘 더하기 셋은 다섯'이라고 우리를 속이는 것은 아닐까? 악마가 그렇게 할 수 있는 이유는 악마가 신만큼 강한 능력을 가지고 있고, 또한 신의 선함과는 달리 우리를 속이려고 하는 사악함을 지니고 있기 때문이다. 악마가 우리를 속이는 데 전력투구하는 일이 조금이라도 있을 수 있다면, 우리가 삼각형의 변을 셀 때마다 속지 않는다는 것을 장담할 수는 없을 것이다.

내가 의심하고 있다는 것만은 의심할 수 없지 않을까?

데카르트는 만일 그 주장이 어떤 것이든 간에 세계에 관해 제기된 어떤 주장을 합리적으로 정당화할 수 없다면, 즉 그것이 조금이라도 의심스러운 가정에 기초하고 있다면 그것은 지식의 지위를 가질 수 없으며 참이라고 인식될 수도 없다고 역설한다. 그래서 그는 이런 종류의 철학적 견해들을 모두 소거하고, 전혀 의심의 여지가 없는 것만을 받아들여야 한다고 제안한다. 그는 더 이상 의심할 수 없는 확실한 인식론적인 토대를 확보한 후에 (물론 의심의 여지가 전혀 없는) 단계적인 과정을 밟아 (영혼과 신과) 세계에 관한 확실한 지식을 재구성하려고 한다.

그런데 앞에서 살펴본 것처럼 우리는 조금도 의심할 수 없는 것을 발견할 수 없는 상황에 빠져 버린 것 아닌가? 우리가 확신할 수 있는 것은 아무것도 없었다. 그런데 이런 인식론적인 곤경을 빠져 나올 착상이 전쟁 중 부상을 입고 병상에 누워 있던 데카르트에게 섬광처럼 다가왔다. 그것은 이렇게 의심(생각)하는 동안 의심하고 있는 나의 존재만은 의심할 수 없다는 것이었다. 내가 생각할 때 그 순간만은 적어도 내가 존재하지 않으면 안 되기 때문이다. 바꾸어 말한다면 내가 존재하지 않는다면 나는 생각할 수 없을 것이다. 그러므로 생각하면서 (즉 존재하면서) 존재하지 않는다고 상정하는 것은 모순이다. "**나는 생각한다. 그러므로 나는 존재한다.**(cogito ergo sum)" 이것이 마침내 데카르트가 찾아냈다고 선언한 더 이상 의심할 수 없는 인식론에서의 아르키메데스의 점이다. 이것은 회의적 곤경을 빠져 나올 수 있는 하나의 중요한 대답으로 간주될 수 있다.

사악한 과학자나 악마가 나를 속인다 할지라도 이제는 문제될 것이 없다. 내가 시종일관 속는다 하더라도, 여전히 (무엇인가를) 생각하는 한 나는 존재할 것이기 때문이다. 과학자나 악마가 아무리 나를 기만하고 조롱하고 나를 갖고 어떤 짓을 하든 간에, 내가 생각하고 있는 동안만은 그들이 아무리 사악하고 전능하다 하더라도 나를 아무것도 아닌 것이 되게 할 수는 없다. 즉 나의 존재를 무(無)로 돌릴 수는 없는 것이다. 만일 내가 존재하지 않는다면 속이는 자가 속일 수 있는 대상을 상실한 셈이다. 이제 인식론적 방황은 끝난 것 같다.

그러나 이런 데카르트의 자부심에 찬 선언이 회의주의자들에게는 잘 통하지 않았다. 데카르트에게 "나는 생각한다. 그러므로 나는 존재한다."는 확실성은 너무나 명석판명해서 어떤 논거나 추론의 힘을 빌리지 않고도 이성을 가지고 있는 사람이라면 누구나 직관적으로 알 수 있는 것이었다. 그러나 사람들이 서로 대립되는 주장들을 목숨을 걸고 고수하는 경우를 흔히 볼 수 있다. 왜냐하면 그것이 그들 각자에게는 너무나 명석판명하게 직관되기 때문이다. 데카르트의 최대 논적이었던 가상디(Pierre Gassendi, 1592~1655)는 피론주의의 편에 서서 직관에 의해 깨달은 것(진리)과 직관에 의해 깨달은 것처럼 보이는 것(사이비 진리나 거짓)의 구분의 필요성을 데카르트에게 요구하였고, 이 요구는 정당한 것처럼 생각된다.

데카르트의 승리를 훼손하는 다른 논변들도 있다. 우리의 언어 문법은 술어가 주어를 요구한다. 만일 '생각한다'는 술어가 있다면 생각하고 있는 '나'(주어)가 있어야 한다고 여기는 것은 관례적이다. 활동이 있을 경우 그 활동을 행하는 자가 있어야 한다는 것은 매우 오랫동안 의심 없이 받아들여진 철학적 가정이다. 사실상 데카르트에게서도 가장 확실한 것은 의심하고 있다는 사고 행위였을 뿐이다. 의심하고 있는 이 활동만은 의심할 수 없었다. 이런 사고 활동으로부터 데카르트는 사고하는 자(나)를 끄집어내었다. 이런 점에서 그는 "만일 사고 활동이 존재한다면 사고하는 자가 존재해야 한다."는 가정을 하고 있는 셈이다.

그런데 이런 가정은 아무런 의심 없이 수용될 수 있을까? 사고 활동(술어)은 반드시 사고하는 자(주어)와 결부되어야 하는가? 20세기 철학의 혁명가이자 반데카르트주의자였던 니체(Friedrich Nietzsche, 1844~1900)에 의하면 모든 사고 활동은 사고하는 자를 필요로 한다고 우리가 믿게 된 것은 우리의 언어 문법이 그런 식으로 표현하도록 구조화된 탓이라고 주장한다. 예컨대 "눈이 온다.(It snows.)"고 할 때, 'It'은 아무런 대상의 존재도 지칭하고 있지 않지만 문법상 주어의 역할을 한다. 사고 행위가 존재한다고 할 때, 생각하는 '나'는 전혀 의미가 없음에도 문법상 필요한 가주어(假主語)의 역할에 그치는 것일지 모른다. 사고 활동이 이루어지고 있다는 것이 확실하고 의심의 여지가 없다고 해서 이로부터 "내가 생각한다."는 것이 확실하고 의심의 여지없이 필연적으로 도출될 수 있는 것은 아니다.

그런가 하면, (나중에 살펴보겠지만) 우리가 듣거나 보거나 느끼거나 또는 좋아하거나 싫어하거나 욕구하거나 의지할 때, 우리는 우리 마음에 직접적으로 나타나는 뚜렷하고 선명하며 생생한 지각들을 갖게 된다. 이런 인상(impression)들은 매우 원초적이고 직접적이며 개별적이고 순간적인 지각들이다. 그런데 우리는 '나'라고 하는 자아의 인상은 갖고 있지 못하다. 자아란 개념이 성립하려면 자아는 지속적인 동일성을 갖고 있어야 한다. 숙취에서 깨어난 사람이 간밤에 취했을 때의 자기를 전혀 기억하지 못한다면 통합적인 자아의 개념은 형성되지 않는다.(분열된 자아는 사이코의 징후이다.) 자아의 개념을 갖기 위해서는 지속적이며 동일한 인상이 있어야 하지만 인상이란 본질적으로 그렇지 못하다. 어떻게 해도 우리는 '자아'와는 직접적으로 대면할 수 없다. 그렇다면 "'나'라고 하는 자아 개념은 허구가 아닐까?" 하는 의심은 여전히 효력을 유지하는 셈이다.

데카르트가 확실한 지식의 토대를 발견했다고 선언했지만, 인식론의 논란은 종식된 것이 아니라 좀 더 복잡해졌을 뿐이다. 데카르트의 해결책은 문제 해결의 불투명성과 난해함을 예고해 준다. 이야기는 앞으로도 한참 더 진행되어야 한다.

3

어떻게 우리는 **외부 세계**를 인식할까?

- 그래도 우리는 외부 세계에 관해 무엇인가를 알 수 있지 않을까?
- 외부 세계에 관해 조금이라도 알 수 있을 거라는 희망은 헛된 것이 아닐까?
- 우리가 세계를 창조했을까?
- 신의 존재를 인정해야 할 이유가 있을까?
- 우리는 아무것도 알 수 없는 것이 아닐까?
- 아무것도 알지 못한다고 해서 문제될 것이 있을까?

그래도 우리는 외부 세계에 관해 무엇인가를 알 수 있지 않을까?

지금까지 우리는 상식적 실재론의 입장에서 출발해서 코기토(cogito)의 길까지 걸어 왔다. 상식적 실재론을 논박하는 가운데 우리는 감각의 착각과 꿈, 미친 과학자, 사악한 악마 그리고 직관과 결부된 회의적 논증들과 마주쳤다. 이를 통해 우리가 외부 세계를 있는 그대로 알 수 있다는 믿음은 철학적 근거를 결여하고 있음을 알게 되었다. 이제 우리는 물리적 대상들이란 우리에게 보이는 모습 그대로일 수 없다고 확언해도 좋을 듯싶다.

상식적 실재론자들의 주장과는 달리 우리는 사과를 있는 그대로 직접 지각할 수는 없다. 우리는 우리의 감각 기관을 통하여 사과와 접촉할 수밖에 없기 때문이다. 이렇게 우리가 외부의 물리적 대상을 경험하기 위해서 감각 기관을 거치지 않으면 안 되기 때문에, 우리가 접촉하는 것은 있는 그대로의 사과가 아니라 사실상 감각 기관을 통하여 산출된 사과에 대한 관념들일 뿐이다. 물론 이 관념을 일으키는 것은 우리 외부에 존재하는 사과겠지만, 우리가 사과를 경험할 때 주어지는 유일한 것은 사과 자체가 아니라 사과에 관한 관념들이다. **로크**(John Locke, 1632~1704)에 따르면, 우리의 마음은 사유에 있어서나 추리에 있어서나 그 자신의 관념 이외에는 다른 아무런 직접적인 대상도 가지고 있지 않으며, 오직 이 관념만을 숙고하며 숙고할 수가 있다.

물리적 대상은 우리 마음에 직접 나타나지 않는다. 우리는 우리가 유일하게 소유할 수 있는 관념들을 통해서 물리적 대상과 간접적으로 접촉할 수 있을 뿐이다. 이렇게 우리 바깥의 물리적 대상과 우리 마음 사이에 (물리적 대상을 대표하는) 관념을 설정함으로써 상식적 실재론의 난점을 보완하려는 입장이 **대표 실재론**(representative realism)이다.

대표 실재론은 비록 직접적으로 경험 속에 나타나지는 않더라도 우리 바깥에 여전히 물리적 대상들이 독립적으로 존재한다는 것을 인정하고 있다는 점에서 실재론이다. 이런 측면에서 그것은 상식적 실재론의 변형이다. 다른 한편으로 그것은 우리 경험에 주어지는 유일한 것이 관념이긴 하지만 이 관념이 물리적 대상을 (부분적으로) 대표하고 있다는 견해를 피력하기 때문에 대표적이다. 관념은 외적인 대상에 의해 야기되며 이 대상과 유사성을 지닌다. 그렇다 해도 우리의 마음은 관념까지 나아갈 수 있을 뿐 이 관념을 넘어 외적인 물리적 대상에까지 나아가지는 못한다.

| 대표 실재론 |

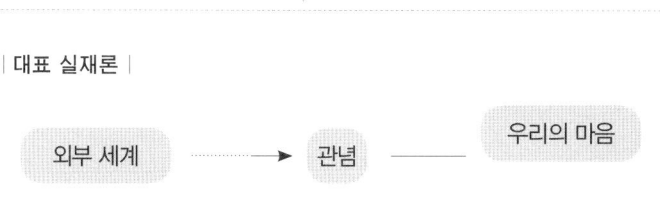

대표 실재론에 의하면, 물리적 대상이 지각되는 방식은 물리적 대상과 관련될 뿐만 아니라 그것을 지각하는 관찰자와도 관련된다. 예컨대 사과가 둥글고 빨갛고 달콤한 것 등으로 지각되는 것은 부분적으로 사과가 그런 관념들을 야기한 탓도 있지만, 동시에 그런 관념들이 부분적으로 인간 특유의 감각 체계의 산물이기 때문이기도 하다. 이렇게 대표 실재론은 특정 관념들이 (실재하는 대상의 모사가 아니라) 지각하는 우

리에게 부분적으로 의존한다는 점을 인정함으로써, 감각의 착각이나 기만에 의거한 회의적 논변에 의해 (상식적 실재론처럼) 쉽게 논파당하지 않는다. 대표 실재론자는 동일한 옷도 다른 불빛 아래서는 달리 보일 수 있음을 용인하기 때문이다.

그렇다면 도대체 어떤 관념이 외부의 물리적 대상에 의해 야기되며, 어떤 관념이 우리의 감각에 의존할까? 이 문제를 설명하기 위해 로크는 제일 성질(primary quality)과 제이 성질(secondary quality)이라는 개념을 동원한다. 성질이란 관념들을 생기게 하는 대상이 지닌 힘을 말한다. **제일 성질**은 어떤 물리적 대상이 지각되는 조건들에 상관없이 또 지각하는 사람이 전혀 없을 때에도 그 대상이 자체 내에 갖고 있는 성질을 말한다. 제일 성질에는 크기, 모양, 질량 및 운동과 같은 것들이 속한다.

반면 **제이 성질**은 대상 자체가 그대로 소유하고 있는 성질이 아니라 단지 지각하는 어떤 사람에게 감각을 일으키는 힘으로서 대상이 소유하고 있는 성질이다. 제이 성질은 색깔, 냄새, 맛 등을 포함한다. 제일 성질이 지각되든 그렇지 않든 간에 대상 자체가 갖고 있는 힘이라면, 대상이 그것을 지각하는 사람들의 마음속에 형성하는 것이 제이 성질이다. 그래서 대상의 제일 성질은 지각 조건과 관계없이 고정되고 불변적이며 측정 가능한 반면, 대상의 제이 성질은 지각하는 사람에 따라 달라질 수 있다. 그것은 가변적이고 측정 불가능하다.

사과가 둥글고, 빨갛고, 달콤하게 지각될 때, 둥근 모양은 대상 자체가 만들어 낸 관념인 반면, 빨간 색깔과 달콤한 맛은 지각하는 사람과 결부되어 산출된 관념들이다. 사과는 누가 지각하든 혹은 아무도 지각하지 않더라도 둥근 모양일 것이다. 모양에 대한 관념은 사과 자체가 산출한 것이기 때문이다. 이 경우 사과의 관념은 외부 세계의 대상과 밀접하게 닮아 있다. 반면 빨간 색깔과 달콤한 맛은 지각하는 사람에 따라 다를 수 있다. 따라서 이때 사과의 관념은 실제 사과와 닮아 있지 않을 것이다. 이런 식이라면 외계인이 지구에 와서 사과를 볼 경우 우리와 마찬가지로 사과를 둥글게 볼 것이라고 추측해 볼 수 있다. 그러나 외계인이 지각하는 사과의 색깔과 맛은 우리와는 다를 것이다. 외계인은 우리와는 완전히 다른 감각 기관을 갖고 있을 가능성이 크기 때문이다.

외부 세계에 관해 우리가 무엇인가 정보를 얻을 수 있기 위해서는 감각을 통해 생긴 관념들을 통하지 않고서는 안 된다. 우리의 감각이 우리에게 가장 먼저 제공하는 것은 **단순 관념**(simple idea)이며 오로지 단순 관념일 뿐이다. 단순 관념이란 다른 관념들과 결합된 관념이 아니라 직접 경험을 통해서 원초적으로 갖게 되는 관념을 일컫는다. 예를 들어 사과를 지각할 때 우리가 갖게 되는 둥근 모양, 빨간 색깔, 단 맛 등의 관념들이 이에 해당한다. 이런 관념들은 다른 단순 관념들로 분석되거나 분해될 수 없다. 단순 관념들이야말로 지식의 소재가 되는 가장 원초적인 것들이라고 할 수 있다.

감각을 통해 얻어진 단순 관념을 결합한 것이 **복합 관념**(complex idea)이다. 예를 들어 사과는 복합 관념이다. 사과는 둥근 모양과 빨간 색깔과 단 맛 등의 단순 관념으로 분해될 수 있기 때문이다. 이렇게 감각을 통하여 얻어진 단순 관념을 결합하여 복합 관념을 만들어 내는 우리 마음의 능력이 바로 지성(understanding)이다. 지성은 비록 단순 관념들을 만들어 낼 수는 없다 하더라도, 다양한 단순 관념들을 비교하고 합성하고 추상하고 결합해서 새로운 복합 관념을 마음대로 만들어 낼 수 있다.

사정이 이렇다면 우리의 지식은 (우리 바깥에 존재하는) 물리적 대상과 (우리 안에 있는) 관념들의 일치 여부에 의해서가 아니라 우리가 유일하게 소유할 수 있는 관념들 상호 간의 일치 여부에 따라 획득되는 것으로 보아야 한다. 로크는 다음과 같이 단정 짓고 있다. "지식이란 우리가 가진 관념들의 연결과 일치 또는 불일치와 대립에 관한 지각 이외의 아무것도 아닌 것으로 나에게는 생각된다. 지식은 오로지 이것에 의해 구성된다."

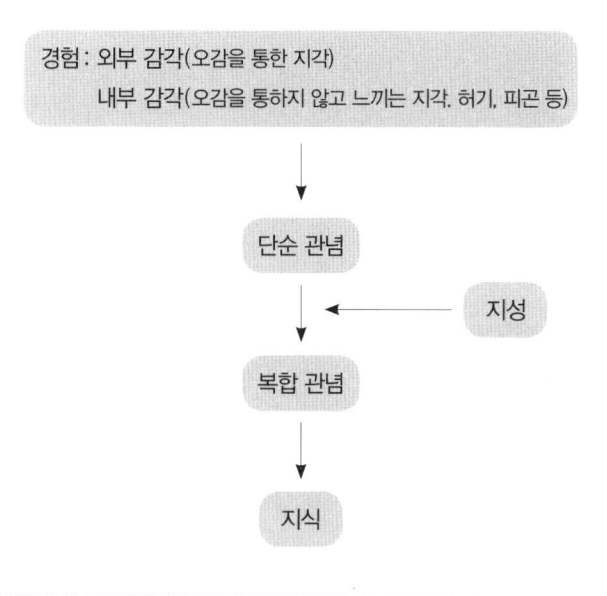

외부 세계에 대한 지식은 외부 세계에 대한 우리의 직접적인 경험이 아니라 단지 우리가 가지고 있는 관념들 간의 일치나 불일치와 관련된다. 그렇기 때문에 세계에 관한 우리의 지식은 그 확실성의 정도에 있어서 언제나 개연성의 수준을 넘어설 수 없다. 대표 실재론에 따르면, 우리의 지식은 외적인 세계와의 직접적인 접촉에 의해 획득된 것이 아니라 어디까지나 마음과 외적 대상 사이에 자리 잡고 있는 관념들을 자료로 삼을 수밖에 없는 것이기 때문이다.

우리는 갈매기와 감각적으로 직접 접촉할 수 없다. 우리가 우리 것이라고 당당하게 주장할 수 있는 것은 (갈매기 자체에 대한 경험이 아니라) 갈매기에 대한 관념들이다. 요컨대 우리의 마음은 갈매기를 직접 인식하지는 못하고, 오직 마음이 갈매기에 대해서 갖는 관념들을 매개로 삼아서 갈매기를 인식할 수 있을 뿐이다. 이것은 곧 세계에 관한 우리의 지식이 필연성의 지위를 갖지 못하며 확률적 지식에 머물 수밖에 없다는 것을 의미한다. 또한 지식의 범위와 관련해서 우리가 관념을 가지는 것 이상으로 지식을 가질 수는 없기 때문에 우리가 가진 관념보다 우리 지식은 좁아질 수밖에 없다는 결론이 도출된다.

외부 세계에 관해 조금이라도 알 수 있을 거라는 희망은 헛된 것이 아닐까?

로크의 대표 실재론은 상식적 실재론이 당면해야 했던 감각의 상이성이나 착각의 문제를 해결한 것처럼 보인다. 그것은 인간의 주관과 관련된 제이 성질의 관념이 물리적 대상과 유사성을 지니지 않으며, 지각하는 사람에 따라 다를 수 있는 여지를 마련해 주고 있기 때문이다. 그러나 여전히 대표 실재론은 그것이 어디까지나 실재론임을 감안할 때 우리 외부에 존재하는 진짜 세계에 대한 지식의 가능성을 포기하지 않는다. 제일 성질에 의해 생긴 관념들은 우리 바깥의 물리적 대상들과 유사성을 갖고, 그것들의 원형은 대상들 자체 속에 실제로 존재한다는 것이 대표 실재론의 핵심적 요소이다. 그것은 아직 외적인 물리적 대상과의 연결 끈을 놓지 않고 있다. 사과의 둥근 모양이나 크기는 실제 사과와 유사한 것이다.

그러나 대표 실재론의 이런 인식론적 기획은 성공적인가? 무엇보다 어떻게 우리는 제일 성질에 의해 생긴 관념과 우리 바깥의 대상 자체가 유사하다는 것을 알 수 있는가? 대상이 관념을 야기하며 대상이 관념과 유사하다는 주장을 하기 위해서는 우리는 비교 대상인 양자(관념과 대상 자체)를 경험하지 않으면 안 된다. 그러나 우리는 우리 자신의 경험과만 친숙할 뿐 우리의 경험과 독립해서 존재하는 대상 자체를 경험할 수는 없다. 우리는 감각 경험들을 다른 감각 경험들과만 비교할 수 있을 뿐, 이것들을 야기한 것으로 추정되는 물리적 대상과는 결코 비교할 수 없다. 요컨대 우리가 접근할 수 있는 유일한 영역은 감각 경험에 의해 산출된 관념들에 한정된다.

　물리적 대상을 알기 위해서 우리가 접촉하는 것은 물리적 대상에 대한 우리의 관념일 뿐임을 대표 실재론은 역설하였다. 그러면서도 그것은 우리 외부의 물리적 대상이 관념을 야기하며 양자는 유사하다는 주장을 함으로써 자기의 입장을 스스로 위반하고 만다. 그것은 한편으로는 우리는 우리 자신의 경험만을 알 수 있다고 주장하면서도, 다른 한편으로는 (이런 경험과 동떨어진) 있는 그대로의 대상 자체에 대한 접근의 길을 열어 놓고 있는 셈이다. 이것은 이론의 자기 분열이라 할 만하다.

　대표 실재론의 요지는 우리가 경험할 수 있는 모든 것은 기껏해야 세계에 대한 우리의 정신적 대표물(관념)에 불과하다는 데에 있다. 따라서 대표 실재론의 입장이 수미일관하게 전개되려면 있는 그대로의 대상 자체에 대한 접근의 길은 차단되어야 한다. 그것은 영원히 우리의 경험의 피안에 자리 잡고 있고 우리는 그것에 대해 전혀 아는 바가 없어야 한다. 우리가 사과를 경험할 때 우리는 우리의 감각 증거에만 제한되어 있고, 사과의 관념들과만 관련을 맺는다. 따라서 우리는 결코 사과의 실재 본성(제일 성질)에 관한 직접적인 정보를 얻을 수 없음을 인정해야 한다. 대표 실재론이 좀 더 정합적인 인식론일 수 있으려면 그것은 실재론의 잔재를 털어 버려야만 하는 것이다.

바로 여기에서 우리는 실재론으로부터 관념론에로 전환해야 할 필요성을 발견할 수 있다. 로크의 인식론(대표 실재론)은 우리의 감각에 의존하지 않는, 즉 우리의 마음 외부에 독립적으로 존재하는 외부 대상의 실체를 인정함으로써 이론의 부정합성을 드러낸다. 그리하여 버클리(George Berkeley, 1685~1753)는 우리가 인식론에서 좀 더 설득력 있는 걸음을 내딛고자 할 경우, 마음이 접근할 수 없는 '내가 그것이 무엇인지 알지 못하는 것(something-I-know-not-what)'으로서의 외부 대상을 완전히 부인하지 않으면 안 된다고 주장한다. 애초부터 관념 이외의 어떤 대상도 우리 마음에 들어설 여지가 없어야 한다는 것이다. 존재하는 것은 오직 마음속에만 존재하는 관념들이다. 이것은 전형적인 관념론이다. (실재론과 관념론을 구분 짓는 경계선은 우리의 마음과 독립해서 존재하는 어떤 외부 대상을 인정하느냐 그렇지 않느냐의 여부에 달려 있다. 반면 합리론과 경험론은 지식의 원초적 소재가 경험에서 기원하느냐 아니면 우리의 이성에서 기원하느냐에 의해 구분된다.)

버클리는 자신의 관념론을 한마디로 다음과 같이 표현한

다. "존재하는 것은 지각되는 것이다.(esse est percipi)" 그는 우리가 지각하거나 경험할 수 없었음에도 인정해야 했던 외부의 물리적 대상을 제거한다. 그렇게 되면 결국 존재하는 것이란 마음과 마음속의 감각 경험(관념)들뿐이다.

| 버클리의 주관적 관념론 |

외적 대상 ◀······ 관념 ─── 마음

실재론으로부터 관념론으로의 전향은 제일 성질을 부정하는 작업과 맞물려 있다. (대표) 실재론에서 모양과 크기 같은 물리적 대상들의 제일 성질은 대상들이 갖고 있는 실제의 성질들로 간주되었다. 지각되든 안 되든 상관없는, 또한 지각 조건들에 상관없는 대상의 성질이 인정될 경우, 외부 세계는 우리의 마음과 따로 떨어져서 존재할 수 없다는 관념론은 성립할 수 없을 것이다. 다시 말해서 제일 성질도 제이 성질과 마찬가지로 지각하는 사람의 마음에 속하는 것으로 밝혀져야만 실재론은 극복된다.

제일 성질은 지각 조건이나 지각자의 유무와 상관없이 고

정되고 불변적이며 측정 가능한 것으로 간주되었다. 반면 제이 성질은 단순히 대상을 기술하는 것이 아니라 오히려 대상과 관찰자 사이의 관계에 의존하는 것이었다. 따라서 그것은 가변적이며 측정 불가능한 것으로 여겨졌다.

  그러나 제일 성질에 속하는 모양도 가변적이다. 둥근 동전은 어떤 각도에서 보면 타원형으로 보일 수 있다. 엄청나게 커다란 빌딩도 먼 거리에서 보면 작게 보인다. 제일 성질인 형태나 크기, 모양도 제이 성질인 색깔이나 냄새에 못지않게 가변적이다. 그런가 하면 과학이 발달함에 따라 제일 성질 못지않게 제이 성질도 측정 가능하다. 제일 성질이나 제이 성질 모두 양적으로 처리가 가능하다.

  결국 제일 성질은 객관적이지 않고 제이 성질과 분명하게 구분될 수 없다. 모든 제일 성질은 제이 성질로 환원될 수 있으며, 따라서 인간이 감각할 수 없는 제일 성질을 따로 인정할 필요가 없다. 거리는 항상 우리의 눈에 의해 지각된 거리밖에 없다. 외부 세계는 우리가 지각하는 한에 있어서만 존재한다.

  관념론은 우리 바깥에 (우리와 상관없이) 존재하는 외부 대상을 부정함으로써 대표 실재론에서 생기는 많은 난점을 피한다. 그러나 아무리 생각해 보아도 관념론자의 주장은 바보 소리처럼 들린다. 내가 바로 앞에서 사과를 보고 있는데 그것이 존재하지 않는다니 이 무슨 해괴한 소리인가? 지금 나와 같이 앉아 텔레비전을 시청하고 있는 나의 어머니가 존재하지 않는다니 이 무슨 잠꼬대 같은 소리인가?

관념론자에 대한 가장 간단한 대응은 총으로 그를 쏘는 일일 것이다. 그는 총이 존재하지 않는다고 주장하므로 피하지 않을 것이다. 그러나 과연 그가 그럴까? 그가 총을 피한다면 그는 스스로 관념론의 허약함을 입증하는 셈이 될 것이다. 만약 그가 총을 피하지 않고 죽는다면 그의 죽음 자체가 총알의 실재를 보여주는 것이므로 관념론의 허구성을 드러내 줄 것이다.

그러나 기실 이런 비판은 관념론에 대한 오해에서 비롯된 것이라고 볼 수 있다. 버클리는 책과 나무, 책상, 총, 사과, 어머니 등이 존재하고 있다는 것을 부정하는 것이 아니다. 그가 초점을 맞추고자 하는 바는 우리 마음과 상관없이 독립해서 존재하는 대상이라는 의미에서 물리적 대상들이 존재하지는 않는다는 것이다. 그는 사과에 관한 우리의 경험들이 우리와 독립해서 존재하는 외부의 어떤 것을 표상하고 있다고 믿지 않을 뿐이다. 바꾸어 말한다면 책과 나무, 책상, 총, 사과, 어머니 등의 물리적 대상들은 우리가 그것들을 지각하는 동안 엄연히 존재한다. 따라서 관념론자는 총을 본 순간 잽싸게

몸을 피할 것이다. 왜냐하면 그는 총을 지각했고 따라서 총이 존재하고 있다고 믿기 때문이다. 총을 보고도 피하지 않는 사람은 관념론자가 아니라 미친 사람일 것이다.

관념론자에게 '사과'는 우리의 지각들과 독립해서 존재하는 어떤 물리적 대상을 지칭하는 것이 아니라, 어떤 감각 경험들의 반복되는 유형 이외의 아무것도 아니다. 즉 '사과'라는 물리적 대상은 감각 경험들의 족(族, a family of sense-experiences)에 불과하다. 외적인 대상은 우리 마음과 무관하게 실재하는 것이 아니라 우리들의 감각 경험(관념)의 묶음인 것이다. 우리는 관념 밖으로 떠날 수 없는 운명을 갖고 태어났다.

그런데 외적인 물리적 대상이 이렇게 우리들 관념의 묶음에 불과하다면 물리적 대상이 모두 환각이란 말인가? 나를 낳아 준 어머니나 꿈에 취했을 때 보이는 분홍빛 쥐나 매한가지란 말인가? 현실과 상상이 구별될 수 있을까?

관념론자는 이것을 설명할 수 있다. 어떤 것이 환각인가 그렇지 않은가를 결정하기 위해 우리가 실제로 사용하는 기준은 감각 경험(정보)이 족(族)을 이루는지를 관찰하는 것이다. 나의 어머니는 예측 가능한 방식으로 반복되는 감각 정보의 한 유형이다. 어머니에 대한 시각적 경험은 어머니에 대한 촉감적 경험과 잘 들어맞는다. 나는 주방에서 설거지를 하는 어머니를 볼 수 있고 또 그곳으로 가서 어머니를 만져 볼 수 있다. 어머니에 대한 나의 감각 경험들 전체는 규칙적이고 체계적인 방식으로 서로 관련되어 있으며, 그 변화는 점진적이다. 이에 반해 환각은 질서 있는 연속을 형성하지 못하고, 계통적인 변화를 하지 못하며, 감관들 간의 경험들도 일치하지 않는다. 나는 분홍빛 쥐를 보지만 그것을 만져 볼 수 없다. 분홍빛 쥐는 매우 작게 보이다가도 갑자기 크게 돌변한다. 이렇게 분홍빛 쥐에 대한 감각 경험들은 하나의 족을 이루지 못한다. 따라서 분홍빛 쥐는 환각이다. 관념론에서 중요한 것은 경험과 실제로 존재하는 어떤 것(물리적 대상)과의 관계가 아니라 경험과 다른 경험 사이의 관계이다.

우리가 세계를 창조했을까?

버클리의 주관적 관념론에 따르면 물리적 대상이란 질서정연한 감각 경험의 묶음이었다. 말하자면 물리적 대상은 내가 지각하는 동안에만 존재하는 것이었다. 그러나 이런 견해는 곧바로 주요한 반론에 직면하게 된다. 그것은 유아론(唯我論, solipsism)이라는 혐의를 받는다. 여기서 유아론이란 존재하는 것은 오직 나의 마음이며, 다른 모든 것은 나의 마음에 의해 창작된 것이라는 견해이다.

  관념론은 나의 감각 경험을 일으키는 실제의 물리적 대상들이 존재한다는 생각을 부정하기 때문에 내 마음과 내 마음속의 관념들을 제외한 어떤 것도 인정하지 않는다. 그래서 세계 전체가 나의 관념들에 의해 창조된 것일지 모른다는 귀결에 이른다. 우주 삼라만상이 나의 마음에 의해 지각되느냐 그렇지 않느냐에 따라 존재하거나 존재하지 않게 된다. 어머니는 내가 보고 만지고 지각하는 동안에만 존재한다. 내가 외출한 동안 나의 어머니가 존재한다는 것을 나는 확인할 길이 없다.

  유아론이란 정당화할 수 있는 어떤 철학적 입장이라기보다 일종의 정신병, 즉 과대망상증에 가깝다고 볼 수 있다. 우리가 실생활에서 일관되게 유아론자로 행세하기란 불가능하다. 만약 그렇게 한다면 우리는 정신 병원에 감금당하고 말 것이다. 수치심이나 도덕심은 의미를 잃게 된다. 나를 보고 평가할 어떤 사람도 내가 지각하지 않는 동안은 존재하지 않을 것이기 때문이다. 내가 외출해서 어머니의 신용 카드를 마음대로 쓴다 해도 문제될 것이 없다. 왜냐하면 어머니는 내가 지각하지 않는 동안 존재하지 않으며, 따라서 나는 존재하지도 않는 사람의 (그러나 효력은 여전히 살아 있는) 카드를 쓰고 있는 셈이기 때문이다. (이것은 얼마나 신나는 일일 것인가!) 인간을 인간답게 만드는 자기의식도 없을 것이다. 내가 나를 의식한다는 것은 곧 나를 바라보는 타인의 시선을 의식한다는 것을 뜻하기 때문이다. 이것은 우리가 얼마나 우리 자신의 경험 너머에 있는 세계의 존재에 대한 신념을 버리기 어려운가를 명확하게 보여 준다.

관념론에 대한 또 다른 비판은 그것이 관념을 생기게 하는 외부의 물리적 대상을 부인함으로써 필연적으로 제기된다. 관념을 야기하는 물리적 대상이 존재하지 않는다면 도대체 무엇이 우리 마음속에 관념을 야기할까? 또한 우리가 모든 것은 우리 자신의 감각 경험일뿐이라는 관념론자의 주장에 동의한다 하더라도 우리의 감각 경험이 왜 규칙적이며 반복적인 유형을 유지하는지 의아해질 수밖에 없다. 무엇이 감각 경험들이 족을 이루도록 만들까?

버클리는 이런 종류의 비판을 한꺼번에 해소할 거리를 갖고 있다. 그것은 철학에서 전가의 보도와도 같은 것이다. 그것은 신이다. 우리들 인간의 마음이 지각하고 있지 않다 하더라도 무한 정신인 신에 의해 이미 지각되고 있기 때문에, 모든 대상은 원래부터 존재한다고 버클리는 응답한다. (버클리는 주교였다!) 영원히 깨어 있어 모든 것을 지각하는 하나님의 정신이 있기에 우리들 인간이 세계를 지각하지 않아도 세계는 계속해서 존재한다는 것이다. 따라서 광대한 우주 세계는 유한 정신(우리의 마음)이 관념으로서 그것을 품고 있지 않을 때에도 계속해서 존재한다. 세계의 객관성은 하나님의 전지전능한 정신에 의해서 철학적으로 보증된다. 버클리의 표현에 따르면 '우리가 지각하는 모든 것은 신의 힘의 표시이며, 감각에 나타나는 것은 신의 마음의 역사'이다. 이로써 유아론은 극복된다. 물리적 대상은 우리의 지각 여부와 상관없이 지속적으로 존재한다.

버클리는 우리에게 감각 경험을 야기하는 것 역시 신이라고 주장한다. 신은 우리 마음속에 있는 관념의 원인으로서 실재론자의 물리적 대상이라는 매개를 필요로 하지 않는다. 신은 우리 마음에 직접적으로 감각 경험들을 심는다. 유한 정신(우리 마음)은 상상 관념을 만들 수 있기는 하지만 감각 경험을 산출하지는 못한다. 감각 경험은 어디까지나 신의 작품이다. 이로써 관념의 원인 문제도, 감각 경험들의 규칙성과 체계성의 문제도 깔끔하게 해결된 것처럼 보인다.

| 버클리의 객관적 관념론 |

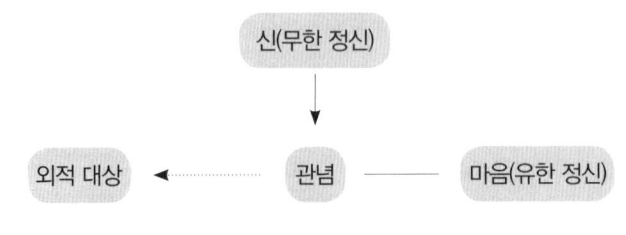

　버클리는 외부의 물리적 대상을 부정한 후 이로부터 발생한 문제들을 극복하기 위해 신의 무한 정신을 도입한다. 이제 존재하는 것은 (신과 우리의) 마음과 (신과 우리의) 경험뿐이다. 그러나 인식론적 문제 상황을 단번에 풀 수 있는 열쇠로서 신을 끌어 들이게 되면 봉착했던 문제 해결과 동시에 새로운 문제가 발생한다.(신의 존재와 관련된 문제는 형이상학의 유서 깊은 주제이기 때문에 여기서는 인식론의 맥락에서만 간략하게 다루어 보자.) 신의 존재는 당연시되기 곤란하다. 신의 존재를 완벽하게 입증한 철학적 논증은 없으며, 신의 존재를 입증하려는 어떤 논증이든지 동일한 설득력을 갖는 강력한 반대 논증에 부딪친다.

신의 존재를 인정해야 할 이유가 있을까?

버클리는 대표 실재론의 모순점을 해결하기 위해 주관적 관념론의 입장을 취하였다. 그러다가 주관적 관념론이 만족할 만한 인식론이 아니라는 것은 버클리 자신에 의해 자각되고 그리하여 주관적 관념론은 객관적 관념론으로 변형되었다. 객관적 관념론의 요체는 우리에게 질서 있는 감각 경험(관념)을 주는 최종 원인으로 신(무한 정신)을 용인하는 것이다. 이제 우리들 마음속에 있는 관념의 궁극 원인으로 신을 도입한다는 것은 신이 우리의 관념과는 완전히 다르고 이질적인 존재임을 뜻한다. 만약 신이 우리 마음의 관념에 불과하다면 우리는 여전히 유아론에 머물 것이고 "그렇다면 신의 관념을 생기게 하는 것은 무엇인가?" 하는 문제와 다시 마주칠 것이다.

정신(마음)은 관념들 가운데 어느 하나를 가리키는 것이 아니다. 정신은 그것이 지각하는 관념들로 환원되거나 그것들 속에 포함될 수 없다. 요컨대 정신은 지각됨으로써 존재하는 것이 아니라 지각함으로써 존재하는 것이다.(esse est percipere) 정신은 관념을 지각하고, 관념은 정신에 의해 지각된다. 그래서 관념이 수동적이고 의타적인 반면, 정신은 능동적이고 생산적이다. 관념이 유동하며 썩는 반면, 정신은 썩지 않는 불변의 실체이다. 버클리는 우리의 감각 경험과 독립해서 존재하는 외적 대상을 부인했지만 지각하는 능동적 존재로서 정신(영혼)마저 부인하지는 않았다.

그런데 무한 정신에 호소함으로써 관념론의 여러 문제점들이 해소되었지만 오히려 이런 방책은 관념론을 더욱 심각한 곤경에 빠뜨린다. 관념론자가 대표 실재론을 비판한 주요 근거는 그것이 우리들이 경험할 수 없는 물리적 대상의 존재를 상정한다는 데에 있었다. 그러면서 관념론자는 우리들 인간은 인간의 감각 경험의 관념과 친숙할 뿐 결코 이것 이외의 어떤 것도 경험할 수는 없다는 점을 강조하면서 철저하게 경험론의 입장을 견지하였다. 버클리의 슬로건은 "존재하는 것은 지각되는 것이다."였다. 그런데 이제 그는 다시 지각되지 않는 정신을 논의의 자명한 제1의 전제로서 받아들인다. 그가 호소하고 있는 정신이란 지각됨으로써 존재하는 것이 아니라 '지각함으로써 존재하는 것'이다. 버클리는 '존재하는 것은 지각되는 것'임을 대표 실재론이 위반하고 있다고 그토록 대표 실재론을 비판했는데, 이제 그 스스로가 '존재하는 것은 지각되는 것'임을 어기고 있는 셈이다.

왜 '존재는 피지각'이라는 원리는 외부 대상에만 적용될 뿐 정신에는 해당되지 않을까? 관념론의 제1원리로서 작용한 "존재하는 것은 지각되는 것이다."와 "존재하는 것은 지각하는 것이다."는 어떻게 보아도 상호 충돌하는 것 같다. 관념론에서 (관념이 아닌) 신이라는 형이상학적 실체를 동원한 것은 관념의 근거를 찾아 무한하게 소급하는 과정을 어떤 지점에서 자의적으로 중단시킨 독단적인 전제 설정이라는 비판을 면하기 어렵다.

관념론에는 무엇인가 잘못된 것이 있는 듯하다. 이제 문제를 처음부터 근본적으로 다시 한 번 검토해야 할 때가 왔다.

우리는 아무것도 알 수 없는 것이 아닐까?

대표 실재론이나 관념론이 자기모순을 범하는 가장 중요한 원인은 우리들의 지각 영역 너머에 있는 어떤 (물리적 혹은 정신적) 실체를 인정한 데 있었다. 적어도 경험론적 인식론이 자기 정합성을 유지할 수 있으려면 우리는 우리의 지각 밖으로 조금도 발을 내딛어서는 안 된다. 지각을 제외한 그 어떤 존재도 마음에 현존하지 않기 때문이다. 우리는 우리가 지각하는 것에서 시작해서 지각하는 것에서 끝내야 한다. 그래서 흄(David Hume, 1711~1776)은 철저하게 지각에 머물면서 우리들 인간에게 허용된 것이 무엇인가를 냉정하게 관찰하고자 한다.

인간의 모든 지각은 두 종류로 환원될 수 있는데, 그것은 관념과 인상이다. 이 가운데 우리 마음에 직접적으로 나타나는 가장 뚜렷하고 생생하며 선명한 지각이 인상이다. 인상은 그것을 모사하고 있는 어떤 관념보다도 원초적이며 이것에 앞선다. 인상들로 인해 관념들이 발생하고, 관념들 간의 관계에 의해 지식이 생긴다. 그렇다면 결국 우리의 지식은 (만약 지식이 확립될 수 있다면) 물리적 대상이나 신이 아니라 오로지 인상에 기원을 둔 것이 아니면 안 된다.

오로지 직접적인 감각 경험(인상)에 지식의 기원을 제한할 경우 우리의 지식과 관련하여 어떤 일이 일어날까?

먼저 모든 인과 관계가 부정될 것이다. 원인과 결과의 관계에서 원인이 되는 사건은 직접적인 인상을 지니며, 결과가 되는 사건도 직접적인 인상을 갖는다. 우리는 원인이 되는 사건, 예를 들어 '어젯밤에 내린 비'에 대한 인상뿐만 아니라, 결과가 되는 사건 '오늘 아침에 젖어 있는 땅'에 대한 인상도 갖고 있다. 모든 결과는 그것의 원인과 구별되는 사건이고, 따라서 우리는 완전히 다른 원인과 결과의 사건에 관한 각각의 인상을 가질 수 있다. 그렇지만 바로 이렇게 결과가 원인과 전적으로 다르기 때문에 결과는 원인 안에서는 결코 발견될 수 없다. 이것은 곧 원인과 결과 각각에 대한 인상을 가질 수는 있지만 원인과 결과의 필연적 관계에 대한 직접적인 인상을 우리가 획득할 수 없다는 것을 말해 준다. 어떤 사건이 어떤 사건을 일으켰다는 인과 관계는 하나의 사건이 다른 사건의 뒤를 이어 발생했다는 것을 의미할 뿐이다. 즉 원인 결과 관계는 두 사건이 시간적으로 연속해서 일어났고 공간적으로 근접해 있음을 나타낼 뿐이다. "어젯밤 비가 왔기 때문에 오늘 아침 땅이 젖었다."라는 인과 관계는 '어젯밤에 내린 비'라는 사건으로부터 '오늘 아침에 젖어 있는 땅'이 시간적으로 뒤따라 나온다는 것을 오랜 세월 경험한 후, 유사하게 보이는 원인으로부터 유사한 결과가 나올 것이라고 습관적으로 기대하는 것에 불과하다. 이 경우 인과 관계에 기초하고 있는 모든 학문적 추론이나 법칙들은 절대적 필연성을 지니는 것이 아니라 단지 개연성을 가진 가설들로 전락할 것이다.

또한 물리적 대상의 존재도 전혀 신뢰할 만한 신념이 아니게 된다. 어떤 외부의 물리적 대상이 존재한다 하더라도 (지각들의 매개 없이) 그것이 마음에 직접적으로 알려질 수 있는 방도란 존재하지 않는다. 버클리가 보여 주었듯이 도대체가 우리의 마음이 지각 이외에 현존하는 어떤 것도 갖고 있지 않다면, 대상들과 지각들 간의 연관에 관한 어떤 경험도 할 수 없고 지각의 영역을 넘어서 있는 물리적 대상의 존재를 논한다는 것은 어불성설에 지나지 않는다. 그러므로 지각할 수 없는 외부의 대상들을 존재한다고 가정하는 것은 형편없는 환상에 지나지 않는다. 외부의 물리적 대상을 볼 수 있고 느낄 수 있다고 말할 때, 사실상 그것은 연관된 지각(인상)들의 더미에 대한 어떤 관계의 획득을 뜻할 뿐이다.

그렇다면 버클리가 인정하고 있는 신의 존재는 어떤가? 모든 관념들이 각각의 인상에서 유래한다면 신의 관념도 인상에서 유래하며 인상을 재현하는 것이다. 그런데 우리는 신의 능력이나 효력을 담고 있는 어떤 인상도 전혀 가질 수 없다. 따라서 우리는 신에 관한 어떤 관념도 가질 수 없다. 따라서 우리가 갖고 있는 신의 관념은 신의 존재를 입증하는 것이 아니라 일종의 거짓일 것이다.

자아의 존재에 있어서도 사정은 마찬가지이다. 자아의 관념이란 인격의 동일성에 대한 관념을 의미한다. 자아는 우리 삶의 전 과정을 통해 불변하며 동일한 것으로 지속되는 어떤 것이다. 따라서 자아의 존재가 입증될 수 있으려면, 우리 삶의 전 과정을 통해서 항상적이고 불변하는 인상이 존재해야 한다. 그런데 항상적이고 불변하는 그런 인상이란 없다. 인상들이란 반성된 의식이 아니라 우리 마음에 가장 직접적이고 개별적이며 순간적으로 현존하는 특정한 지각들이기 때문이다. 따라서 자아의 관념은 인상으로부터 도출된 것이 아니며 결과적으로 자아와 같은 것은 없다. 결국 자아란 영원히 유동하고 운동하는 서로 다른 지각들의 다발이나 집합에 지나지 않는다.

| 흄의 회의주의 |

흄은 이런 논의에 기대어 학문이나 일상적인 삶의 영위에 있어서 일반적으로 용인되는 근본 신념들에 대한 인식론적 정당화는 실패할 수밖에 없다는 결론에 귀착한다. 이 신념들에 대한 직접적인 인상이 우리의 마음에 현존하지 않기 때문

에, 다시 말해서 도대체가 현존하지 않는 인상들로부터 현존하는 관념들이 도출된 것이기 때문에 여기에는 추론적인 비약이 숨겨져 있고, 따라서 우리의 앎과 삶의 근간을 이루는 근본 신념들은 꾸며 낸 허구이고 착오이며 거짓으로 규정될 수 밖에 없다는 것이다.

이렇게 신, 자아, 물리적 대상, 인과 관계 등에 관한 근본 신념들이 합리적 논의에 의해 정당화될 수 없는 허구에 불과하다면, 이것은 사태 자체에 관하여 우리가 아무것도 알 수 없다는 **회의주의**와 직결된다. 지식 일반의 정립 불가능성이야말로 회의주의자가 말하고자 하는 것이기 때문이다. 면밀한 탐구의 과정을 거쳐 이제 흄이 도달한 결론은 우리가 회의주의를 논박할 수 있기는커녕 오히려 극단적인 회의주의자가 될 수밖에 없다는 것이다.

모든 지식은 보편성과 필연성을 상실하고 단지 개연성만을 획득한다. 환원하면 모든 지식은 있는 그대로의 존재에 관한 앎이 아니라 단지 "그렇게 보인다."는 가상의 지위만을 지닌다. 흄에 의해 수행된 총체적인 인간 지식의 인식론적 분석은 역설적으로 인간 지식 일반의 정당성을 의심하는 전면적인 회의주의가 얼마나 그럴 듯한가를 드러낼 뿐이다.

아무것도 알지 못한다고 해서 문제될 것이 있을까?

관념론을 수미일관하게 전개함으로써 흄은 극단적인 회의주의에 도달하였다. 흄은 물리적 실체뿐만 아니라 정신적 실체마저도 부정하였다. 그런데 이렇게 모든 실체가 부정된다면 무엇이 우리의 지각의 원인일 수 있을까?

물론 우리는 우리 지각을 일으키는 어떤 것이 존재한다고 가정할 수는 있다. 그렇지만 우리는 그것에 대해서 조금의 지식도 가질 수 없는데, 누차 강조했듯이 그것의 존재는 직접적인 경험에 의해 확립될 수 없기 때문이다. 우리가 우리의 지각 너머에 있는 물리적 대상이나 정신적 실체에 관해 무엇인가 말할 수 있다 해도, 우리는 그것들 자체의 본질(본성)에 관해서는 어떠한 지식도 가질 수 없는 것이다. 사물의 본성과 관련하여 우리는 전혀 알지 못하기 때문에 침묵을 지켜야 한다. 흄이 수행한 작업은 이렇게 우리가 보편적이고 필연적인 지식을 원리적으로 획득할 수 없다는 점을 밝힌 것이었다.

이제 철학적 지식을 이론적으로 근거지울 수 없다면, 그래서 회의주의의 원리들이 보편적으로 그리고 항구적으로 만연한다면 어떤 일이 벌어질까? 모든 인간의 삶은 소멸될 것이고, 모든 대화와 행동은 즉각 중지될 것이다. 그리하여 사람들은 총체적인 무기력 상태에 빠지고 말 것이다. 철학적 반성을 통하여 어떤 것도 알 수 없고 믿을 수 없게 된 우리는 어느 곳에도 안주하지 못한 채 비탄과 불안에 잠겨 방황할 것이다. 의심을 극단까지 밀고 나간 회의주의자는 삶의 전 영역에 걸쳐서 모든 것을 의심하기 때문에, 아무것도 말할 수 없고 아무것도 행동할 수 없게 (혹은 무엇이든 아무렇게나 말할 수 있고 아무렇게나 행동할 수 있게) 되어서 현실적인 삶을 영위하기 곤란할 것이다.

그런데 우리가 정말 회의주의자가 된다고 해서 무기력한 식물이나 혹은 야만적인 짐승과 같은 삶을 살게 될까? 그렇지는 않을 것이다. 아무리 극단적인 회의주의자라 하더라도 그가 지금 여기서 삶을 영위하고 있으며 영위해야 한다는 것은 결코 부인할 수 없는 삶의 현실이다. 회의주의자는 모든 것을 의심하려 하지만, 우리들 인간의 삶은 생각하고 말하고 행동하고 믿을 수밖에 없는 불가피한 조건 속에 놓여 있기 때문에 회의주의의 의심이 무제한적으로 삶을 관통하고 지배할 수는 없다. 그리하여 회의주의자가 심오한 철학적 추론들에 의해 우리를 혼란에 휩싸이게 한다 하더라도 우리가 판단하고 행동하고 말해야 하는 인생의 대소사(大小事) 앞에서 그의 의심은 연기처럼 사라져 버릴 것이다. 그래서 흄은 "행동과 일 그리고 일상적인 삶에 전념하는 것이야말로 극단적인 회의주의의 원리들을 무너뜨릴 수 있는 가장 위대한 전복자"라고 말한다.

그렇다면 우리는 '무엇'에 기대어 마냥 의심에 빠지지 않고, 말하고 판단하고 행동하며 삶을 영위해 나갈까? 이 물음과 관련하여 이미 인식론적인 정당성을 갖춘 지식을 확보할 수 없다는 점이 흄에 의해 밝혀졌으므로 철학적 근거를 갖춘 '무엇'을 구하는 일은 헛수고에 지나지 않을 것이다. 회의주의자인 흄이 회의주의의 절망으로부터 벗어날 수 있는 '무엇'으로 찾아낸 것은 다름 아닌 자연이다.

자연은 삶에 있어서 의심을 떨쳐 버릴 이론적 근거를 제공하지는 않는다. 그렇지만 자연은 사지(四肢)의 근육에 대한 지식 없이도 사지를 믿고 사용할 수 있게 해 주듯이 자연이 설정한 특정한 방향으로 행동과 사고를 진행하게 하는 어떤 본능을 우리 안에 심어 주었다. 우리를 철학적 우울증과 회의의 착란으로부터 구해 주는 것은 더 이상 의심할 수 없는 어떤 이론적 토대가 아니라 자연의 맹목적이고 강력한 본능 또는 습관, 경향성, 느낌이다. 문제투성이인 신을 도입하지 않고도 회의주의자는 자연적 본능을 믿고 따르는 자연주의자가 됨으로써 마침내 인식론의 암운(暗雲)을 걷어차고 안식을 얻게 된다. 흄은 '자연적 본능의 강력한 힘 이외에 그 어떤 것도 우리를 의심의 힘으로부터 해방시킬 수 없다는 점'을 철저하게 확신하고 있다.

불가항력적인 본능으로서의 자연이 우리의 삶을 안전하게 안내하기 때문에 회의주의자는 번민과 비애에서 벗어나 친구들과 유쾌하게 웃으며 당구를 칠 수 있다.(흄은 광적인 당구 예찬자였다!) 당구 게임을 하면서 회의주의자의 마음이 지녔던 의심의 병은 치유된다. 이쯤 되면 당구는 단순한 오락거리가 아니라 회의주의를 반박하는 중요한 철학적 행위라고 할 수 있다.

회의주의는 **자연주의**에 의해 극복된 것처럼 보인다. 그러면 이제 인식론의 물음들은 해소되었을까? 철학적 회의주의는 정말로 반박되었을까? 인상에서 출발한 흄은 회의주의자가 되었으며, 회의주의를 이론적으로 반박할 수는 없다는 결론에 이르렀다. 그래서 그는 자연적 본능에 호소하여 삶의 실천적인 관점에서 회의주의를 반박하였다. 그런데 기실 이 점에 자연주의가 회의주의에 대한 진정한 반박이 될 수 없는 까닭이 들어 있다. 자연주의는 회의주의에 대한 이론적 논박이 아니기 때문이다. 순수한 이론적 대응과 실천적 대응은 서로 상이한 차원의 논의이다. 예를 들어 교통사고가 났을 때 우리는 병상에서 교통 법규를 꼼꼼히 따져 본다. 우리는 교통사고 이전에도 살아왔고 교통사고 이후에도 하여간 삶을 영위할 것은 분명한 사실이고, 우리는 이것을 잘 알고 있다. 그러면서도 우리는 법규를 따져 본다. 산다는 것(실천)과 따져 본다(이론)는 것은 서로 다른 차원이기 때문이다. 어떤 병원의 환자가 삶을 영위해 왔고 하여간 오늘도 살아가고 있으니까, 그 환자의 병은 극복된 것이나 마찬가지라고 진단하는 의사가 있다면 어떨까? 그 의사야말로 진단이 필요한 사람일 것이다.

본능에 기대어 살아가고 있다는 사실 자체가 인식론의 물음에 대한 걸맞은 수준에서의 답변일 수는 결코 없다. 오히려 이렇게 차원이 다른 답변을 하고 있기 때문에, 아니 할 수밖에 없기 때문에 인식론의 문제들은 이론적으로 하나도 해결되지 않은 채 고스란히 남게 된 셈이다. 이론적으로 대답할 수 없으면서도 그냥 살아도 된다는 흄 식의 해결은 일종의 정신 분열적 증세를 잠정적으로 감추고 있는 것일 뿐이다. 다른 한편으로 이런 식으로밖에는 대응할 수 없다는 사실이 인식론에서 회의주의의 극복이 그만큼 난제(難題)라는 것을 극명하게 시사한다. 그래서 우리는 지식을 정초하는 일이 언제나 회의주의와 함께 하지 않고서는 불가능하지 않을까 하는 예감을 갖게 된다.

4

왜 우리는 **세계**를 **인식**할 수 없을까?

- 철학적 회의주의를 구성하는 구체적인 논변은 무엇일까?
- 아그리파의 논변형식들이 무적인 이유는 무엇일까?

철학적 회의주의를 구성하는 구체적인 논변은 무엇인가?

　인식론에서 회의주의는 매우 물리치기 어려운 난적(難敵)으로 등장한다. 이런 사태의 가장 커다란 이유는 회의주의자들이 독단주의자들의 주장을 비판하기 위해 제시한 논변이 매우 정밀하고 체계적이기 때문이다. 그들은 단지 직접적인 경험적 수준에서가 아니라 추상적인 범주들로 구성된 보편적인 논변형식들을 제출한다. 특히 1~2세기에 활동한 것으로 알려져 있는, 고대의 피론주의자인 아그리파(Agrippa, ?~?)에 의해 구성된 다섯 가지의 회의적 논변형식들(트로펜, tropen)은 철학적 회의주의의 이론을 대표할 만큼 체계적인 형식성을 갖추고 있다. 인간 지식의 본성과 범위를 탐구하는 데 있어 아그리파의 논변형식들은 서양의 철학적 전통의 심장에 놓여 있다고 할 만하다. 아그리파의 논변형식들은 단적으로 말해서 철학적 회의주의의 꽃이다.

아그리파의 논변형식들은 "이미 진리를 발견하였다."고 주장하는 온갖 종류의 독단주의에 대한 가장 철두철미한 학문적 의심들 가운데 하나로 간주될 수 있다. 그것들은 특정한 철학적 입장들을 공격하는 데 그치지 않고 철학적 지식의 성립 가능성 자체를 조준하고 있다. 아그리파의 논변형식들은 그것들이 지닌 추상적 보편성으로 인해서 회의주의 이론 일반과 관련하여 광범위한 적용 가능성을 획득한다. 그래서 좀 직설적으로 표현한다면, 아그리파 이전이나 이후에 등장하는 회의적 논증들은 아그리파의 논변형식들의 반복이거나 일종의 변주에 그친다고 말할 수 있다. 그것들은 철학적인 인식을 공격하는 회의주의자들의 고유한 무기 창고를 이룬다. 그것들은 "왜 우리가 세계의 본성을 알 수 없는가?"에 대한 최종 판결문과도 같다.

아그리파의 다섯 가지 논변형식들은 상호 긴밀한 연관 관계를 맺고 있다. 그가 이렇게 촘촘한 체계를 구축한 이유는 독단주의자들이 취할 수 있는 가능한 모든 이론적 대안을 봉쇄하고자 하기 때문이다. 아그리파의 논변형식들은 특수한 경험 대상들에서 논박의 근거를 찾는 것이 아니라 추상적인 개념들의 연관 관계를 파악함으로써 독단주의의 모든 가능성을 무너뜨린다. 아그리파의 논변형식들은 다음과 같이 간략하게 재구성될 수 있다.

(1) 철학적 의견이나 믿음들의 상이성의 논변형식

철학적 의견들이 상이하다는 것은 부정할 수 없는 역사적 사실이다. 철학사에는 상이하거나 심지어 반대되는 수많은 견해가 등장하여 왔다. 회의주의자는 이런 철학적 견해들의 상이성으로 인해 철학의 단일한 정체성이 확립될 수 없다는 것을 보여 준다. 어떤 독단주의자가 자기가 내세운 주장이야말로 유일한 진리로 확립되어야 한다고 주장할 때, 회의주의자는 얼마나 많은 상이한 철학적 의견이나 믿음들이 역사적으로 존재해 왔고 현재도 존재하고 있는가를 제시할 수 있다. 상반되는 믿음들이 존재한다는 사실에 직면할 경우 독단주의자는 서로 상반되는 의견 모두에 동의하는 것은 불가능하기 때문에, 의견의 채택을 위한 기준이나 상이성을 상이성으로 규정해 줄 수 있는 기준을 필요로 한다. 기준이 없다면, 어떤 의견에 대한 판단은 보류되어야 한다. 기준이 있다면, 이 기준은 증명된 것이거나 증명되지 않은 것이거나 둘 중의 하나일 것이다.

(2) 독단적인 전제 설정의 논변형식

독단주의자가 자기 주장이 진리라는 것을 입증하기 위해 증명되지 않은 혹은 증명될 수 없는 어떤 기준을 논증의 제1원리로서 설정한다면, 회의주의자는 그것과 반대되는 기준을 마찬가지로 논증의 제1원리로서 제시할 수 있다. 증명을 결여한 기준을 참된 전제로서 인정할 경우 어떤 임의적인 기준도 동등한 권리를 갖고 참된 전제로서 등장할 수 있는데, 그 까닭은 여기서의 물음의 관건이 그 기준 자체의 참과 거짓에 관한 논의가 아니라 단지 자명한 기본 전제의 설정에 놓여 있기 때문이다. 예를 들어 합리적 이유에 기초하지 않은 채 독단주의자가 '무조건' 자기 의견을 진리라고 우길 경우, 회의주의자는 동등한 권리를 갖고 '무조건' 그것이 거짓이라고 우길 수 있다. 조건이 없는 곳에서 주장하지 못할 것이 무엇인가? '무조건' 단언하는 사람은 '무조건' 부정하는 사람과 똑같이 신뢰받을 수 없을 것이다. 그리하여 독단주의자가 증명되지 않은 혹은 증명될 수 없는 기준에 호소할 경우 회의주의자는 그가 독단적인 전제 설정의 논변형식에 빠지게 된다는 것을 보여 줄 수 있다. 증명의 결여는 모든 증명에 대해 존립의 자유를 허용한다. 예컨대 독단주의자가 자기가 꿈에서 들은 예언을 진리라고 주장한다면, 회의주의자는 그와 같은 예언이 거짓이라는 예언을 자기의 꿈에서 들었다고 주장할 수 있다. 그리하여 예언(사태) 자체의 본성에 대한 판단중지가 초래된다.

(3) 무한 소급의 논변형식

만약 독단주의자가 자기 주장을 (무조건이 아니라) 어떤 증명된 기준에 의하여 제시할 경우, 회의주의자는 "그 증명은 다시 어떤 기준에 의해 증명되는가?" 하는 물음을 제기할 수 있다. 앞의 기준은 증명된 것이거나 증명되지 않은 것이거나 둘 중의 하나일 것이다. 독단주의자가 그 증명 기준이 증명되지 않았거나 증명될 수 없다고 말한다면, 그는 앞의 독단적인 전제 설정의 논변형식에 빠질 것이다. 반대로 그 증명 기준이 증명되었다고 말한다면, 그는 다시 "그 증명의 기준은 무엇인가?" 하는 무한히 지속되는 물음에 답해야 하는 곤경에 처하게 될 것이다. 즉 그는 제시된 근거에 대해서도 역시 근거가 제시되지 않으면 안 된다는 무한 소급의 논변형식에 빠진다. 무한 소급의 논변형식은 철학자들이 논증의 최후의 지점을 제시할 수 없는 난점을 드러낸다. 최후의 지점을 확보하는 데 실패한다는 것은 곧 논증에서 최초의 출발점을 확보하지 못한다는 것을 의미한다. 도대체가 유한한 인간이 무한 소급의 증명 과정을 전부 조사하는 것은 불가능한 일이기 때문에 누군가 무한 소급의 증명을 시도한다면 그는 불가능한 일로 자신을 괴롭히는 셈이 될 것이다. 기준에 대한 증명의 요구는 무한하게 계속될 수 있기 때문에, 철학자들은 논증의 최초의 (혹은 최후의) 지점에 도달하지 못하며 따라서 사태의 본성과 관련하여 판단을 중지하지 않으면 안 된다.

(4) 순환의 논변형식

독단주의자는 앞의 난점들을 피하기 위해, 즉 독단적인 전제 설정의 논변형식과 무한 소급의 논변형식에 빠지지 않기 위해 기준을 증명하고, 그 증명을 위해 바로 그 증명을 필요로 했던 기준에 호소하는 전략을 채택할 수 있다. 독단주의자는 자기 주장에 대한 근거를 제시하면서, 다시 이 근거에 대한 근거로 (이 근거를 필요로 했던) 이전의 자기 주장을 내세울 수 있다. 이를 통해 독단주의자는 얼핏 자의적인 전제 설정을 범하지 않으면서도 최후의 근거를 제시한 것처럼 보인다. 왜냐하면 여기서는 분명히 증명된 증명 기준이 제시되기 때문이다. 그러나 이런 종류의 증명은 순환의 논변형식에 해당한다. 순환의 논변형식은 사태에 대한 진정한 해명이라기보다는 증명과 증명 기준, 근거와 근거지어진 것 간의 지루한 교체를 의미할 뿐이다. 닭의 원인은 달걀이고, 달걀의 원인은 닭이라는 식의 논변이다. 순환의 논변형식에 의해 회의주의자는 경쟁하는 두 개념 가운데 어떤 것이 인식적 우선권을 갖는지를 말할 수 없음을 보여 준다. 독단주의자는 (기준의) 증명과 증명 기준 가운데 어느 것이 인식적 우선권을 갖는가를 결정할 수 없고, 결국 이런 미결정성은 판단중지를 초래한다.

(5) 상대성의 논변형식

앞의 논변형식들은 "모든 것은 상대적이다."라는 상대성의 논변형식으로 귀착된다. 이 논변형식은 앞의 논변형식들에 의해서 그 자신의 구체적인 준거를 확보하는 상위의 논변형식이라고 말할 수 있다. "모든 것은 상대적이다."라는 논변형식은 "관계항들이란 서로 함께 파악된다."는 관계에 대한 반성을 반영한다. 이 논변형식은 모든 것들이 이미 타자와 필연적으로 연결되어 있어서, 하나의 대상을 독립적으로 분리해서 고찰하게 되면 독단적인 견해에 빠질 수밖에 없음을 보여 준다. 회의주의자들은 상호 관계가 파악되지 않은 채 행해지는 사태의 본성에 대한 해명은 일면적이고 유한하다는 것을 통찰하고 있다. 그래서 '모든 것의 상대성(the relativity of all things)'은 대상의 참된 본성과 관련하여 필연적으로 판단중지를 요구한다.

아그리파의 논변형식들이 무적인 이유는 무엇일까?

위의 재구성에서 볼 수 있듯이, 아그리파는 다섯 가지 논변형식들을 통해 우리가 세계에 관해 어떠한 인식론적 주장도 할 수 없음을 보여 준다. 우리는 있는 그대로의 사물의 본성과 관련해서 (긍정이나 부정을 포함하여) 일체의 판단과 주장을 유보해야 한다. 그리고 고대 피론주의자들에 의하면 이런 판단중지를 통해 비로소 우리는 마음의 평정(Ataraxia)을 얻을 수 있다. "광풍이 몰아치는 배 위에서 공포에 떨며 울부짖는 승객들에게 갑판 위에서 음식을 계속 먹고 있는 돼지를 가리키며, 저 돼지의 동요하지 않는 상태야말로 현인들이 명심하지 않으면 안 된다."고 말했다는 피론의 일화가 이런 점을 잘 말해 준다.

물론 아그리파의 논변형식들은 앞의 것과는 다른 방식으로 다양하게 재구성될 수 있다. 그런 재구성의 순서가 어떠하든,

무한 소급의 논변형식과 독단적인 전제 설정의 논변형식과 순환의 논변형식이 매우 긴밀한 연관 속에서 서술되어야 한다는 것은 분명하다. 이 세 가지 논변형식들은 아그리파의 회의주의의 철학적 핵심일 뿐만 아니라 모든 회의주의 이론의 정수(精髓)로 간주될 수 있다. 회의주의가 인식론에서 갖는 파괴적 도발성은 이 세 가지 논변형식들의 체계적인 연관 속에서 극명하게 드러난다.

이 세 가지 논변형식들은 상호 긴밀한 관계를 맺으면서 모든 독단주의를 무력화시키는 치명적인 무기로 등장한다. 증명과 증명 기준, 원인과 결과, 연역적 논증과 귀납적 논증 등과 관련하여 회의주의자가 독단적인 주장을 공격할 때, 아그리파의 세 가지 논변형식들은 반복해서 적용된다. 회의주의자들은 세 가지 논변형식들을 사용함으로써 형식 논리적인 모든 추론을 손쉽게 함락할 수 있다. (현대의 비판적 합리론자인 알베르트(Hanms Albert, 1921~)는 인간은 항상 오류를 저지를 수 있기 때문에 절대적인 인식의 최후의 근거를 확보하기란 불가능하다는 입장을 피력한다. 그는 자신의 오류가능주의(Fallibilismus)를 논증하기 위해 '뮌히하우젠 트릴레마(Münchhausen Trilemma)'를 동원하고 있는데, 한번 빠지면 헤쳐 나올 수 없는 이 늪이 바로 위에서 언급된 아그리파의 세 가지 논변형식들이다.)

예를 들어 전통적으로 특히 중요한 것으로 간주되어 온 귀납적 논증과 연역적 논증을 살펴보자. 귀납적 논증은 여러 개의 특수한 사실을 종합해서 일반적인 원리를 찾아내는 논증을 말하고, 연역적 논증은 일반적인 원리에서 특수한 원리를 끌어내는 논증이다.

다음은 귀납적 논증의 간단한 예이다.

> P(a): 철학자 소크라테스는 죽는다.
> P(b): 철학자 플라톤은 죽는다.
>   ⋮
>
> ∴ P(c): 모든 철학자는 죽는다.

귀납적 논증에 의해 어떤 일반적인 주장을 도출해 낼 경우, 결론의 ('모든'으로 시작하는) 전칭 명제는 ('소크라테스', '플라톤' 등의 단일 개체로 시작하는) 무수한 단칭 명제에 의해 그 결론의 참이 보장된다. 결론 "P(c): 모든 철학자는 죽는다."는 "P(a): 소크라테스는 죽는다."와 "P(b): 플라톤은 죽는다." 등의 무한한 특수 사례의 축적에 의해 정당화된다. 그러나 결론

"P(c): 모든 철학자는 죽는다."는 절대적 필연성을 지니지 못한다. 왜냐하면 특수 사례들이란 무한하고 비규정적이기 때문이다. 이것들을 전부 조사하는 일은 우리들 유한한 인간에게는 불가능한 과제이다. 따라서 귀납적 논증에 의한 정당화는 무한 소급의 논변형식에 빠지거나, 아니면 어느 지점에서 임의로 논의를 중단하고 결론으로 논리적 비약을 감행하는 독단적인 전제 설정의 논변형식에 빠질 수밖에 없다.

예를 들어 부화할 때부터 양계장에서 사육된 닭이 있다고 하자. 닭은 태어나서부터 매일 아침 7시에 주인이 모이를 주는 것을 경험해 왔다. 오늘 아침까지 365일 동안 단 한 번도 아침 7시에 모이를 거른 적이 없다. 똑똑한 닭은 다른 닭들에게 의기양양하게 말한다. "내일도 아침 7시에 우리는 양식을 얻게 될 것이다." 그러나 양계장의 주인은 내일 아침 7시에 닭을 도살할 계획을 갖고 있다. 이 예는 아무리 많은 특수 사례를 모아도 결국 그것은 확률에 불과하며, 따라서 전칭 명제로 변환될 수 없음을 단적으로 보여준다. 다시 말해서 귀납적 논증에 의한 결론의 도출은 논리적 비약을 품고 있을 수밖에 없다는 것이다.

반면 연역적 논증은 어떤가?

P(a): 모든 철학자는 죽는다.

P(b): 소크라테스는 철학자이다.

───────────────────────

∴ P(c): 소크라테스는 죽는다.

  이것은 두 개의 전제와 하나의 결론으로 구성된 연역적 논증의 간단한 예이다. 연역적 논증에 의해 결론의 참을 보장할 경우, 결론의 단칭 명제는 전제인 전칭 명제의 참에 의해 도출된다. 결론 "P(c): 소크라테스는 죽는다."는 "P(a): 모든 철학자는 죽는다."를 대전제로 삼아 타당성을 얻는다. "P(a): 모든 철학자는 죽는다."가 참일 때, 결론 "P(c): 소크라테스는 죽는다."는 반드시 참이다. 그런데 이 연역적 논증의 대전제인 전칭명제 "P(a): 모든 철학자는 죽는다."는 어떻게 참인 대전제로서 설정될 수 있었을까? 그것은 사실상 결론 "P(c): 소크라테스는 죽는다."를 포함한 단칭명제들을 종합해서 귀납적 논증에 의해 확립된 것이다. (앞에서 보았지만 귀납적 논증에 의한 전칭명제의 도출은 절대적인 필연성을 지니지 못한 추론이었다.) 이것은 증명되어야 할 것을 이미 대전제 속에 포함시켜 놓고 그것을 도출하는 논증과 다름없다. 요컨대 대전제는 결론에 의해 지지되고, 결론은 대전제에 의해 도출되는 전형적인 순환의 논변형식을 연역적 논증은 원리적으로 범할 수밖에 없는 것이다.

연역적 논증과 귀납적 논증에서 명백하게 드러났듯이, 아그리파의 논변형식들은 전통적인 정당화 방식에 의해서는 참다운 근거 제시가 불가능하다는 것을 보여준다. 회의주의자들은 아그리파의 논변형식들을 통해 철학적 지식을 정립할 수 있는 가능성 자체에 근원적인 물음을 던진 것으로 자신한다. 달리 표현하면 아그리파의 논변형식들은 전통적인 근거 제시 방식들의 한계를 반성하지 않고서는 철학적 회의주의에 제대로 대응할 수 없다는 것을 강력하게 시사하고 있다.

5

우리는 **회의주의**로부터 벗어날 수 없을까?

- 알 수 없기 때문에 믿어야 하는 것은 아닐까?
- 우리가 세계를 구성한 것은 아닐까?
- 이분법적 사유 방식에서 벗어나면 회의주의를 지양할 수 있지 않을까?
- 우리가 개념들을 사유하는 것이 아니라 개념들이 우리의 사유를 규정하는 것은 아닐까?
- 현상과 본질의 대립은 정당화될 수 있을까?

알 수 없기 때문에 믿어야 하는 것은 아닐까?

피론주의(고대 회의주의)의 이론적 발전은 헬레니즘 시대에 본격적으로 이루어졌다. 그러나 기독교가 부상하면서 쇠퇴의 길을 걷게 되었다. 기독교의 권위가 너무 강해서 피론주의는 독자적으로 자신의 영역을 확보할 수 없었고, 중세 시대 전반에 걸쳐 피론주의의 존재는 아주 미미하였다. 피론주의가 철학적 관심의 주된 대상으로 다시 떠오른 시기는 르네상스 시대인데, 이때부터 피론주의는 다른 어느 시기에 누렸던 것보다 더 큰 영향력을 행사하기 시작하였다.

무엇보다도 이렇게 피론주의에 대하여 철학적 관심을 촉발시킨 직접적인 요인은 종교 개혁이었다. 신학적 관심으로부터 시작된 진리 기준의 문제가 점차 철학적 지평으로 이전할 수 있었던 하나의 결정적인 계기는 고대 피론주의 이론을 집대성한 섹스투스 엠피리쿠스(Sextus Empiricus, 160~210)의 저작의 발견이었고, 이를 통해 아에네시데모스와 아그리파의 논변형식들이 지닌 위력이 새삼 확인되었기 때문이다. 16세기 후반기에 들어서서 섹스투스 엠피리쿠스의 저작들이 왕성하게 번역되고 출판되자 (종교적) 지식의 기준에 대한 정당화를 둘러싸고 벌어진 갑론을박은 "지식에 대해 회의주의자가 제기한 의심이 유효한가 아니면 그 의심은 무효화될 수 있는가?" 하는 물음으로 수렴되었다.

16세기 이후 서구 인식론의 주요한 특징은 (종교적 교리의 문제를 포함하여) 아그리파의 회의적 논변 이론의 지평 위에서 인식론의 논의가 이루어졌다는 데에 있다. 지식의 객관성과 필연성의 확보에 초점을 맞추는 한에 있어서 근세의 인식론은 항상 회의주의를 염두에 두어야 하는 처지에 놓이게 된 것이다. 이런 점에서 애초부터 근세의 인식론은 회의주의와 불가분의 관계를 맺게 되며, 필연적으로 '회의주의와의 관계 설정'을 과제로 삼을 수밖에 없었다.

그런데 앞에서 드러난 것처럼 이론적인 정합성을 추구하면서 점차 전진해 나간 근세의 인식론이 도달한 결론은 우리가 회의주의를 간단히 제압해서 처분할 수 있기는커녕 오히려 회의주의에 의해 우리의 모든 철학적 근본 신념이 심하게 파손된다는 것이었다. 흄이 이것을 보여 주었다. 말하자면 확실한 것으로 여겨진 모든 철학적 지식들은 아그리파의 논변형식들의 손쉬운 공격 대상으로 전락하고 만다는 것이었다. 이것은 아그리파의 논변형식들을 극복했다고 자부하는 모든 인식론적 시도가 곧바로 아그리파의 논변형식들에 의해 되치기를 당할 수밖에 없다는 것을 뜻한다. 인식론은 아그리파의 논변형식들의 손아귀로부터 벗어날 길이 없어 보이고 그래서 회의주의자는 최후의 승리자가 된 듯하다.

우리가 사물의 진짜 본성과 관련하여 아무것도 알 수 없다는 인식론적 자각은 우리를 **신앙주의**(fideism)로 인도한다. 참된 세계의 모습을 파악하는 데에 우리의 철학적 지식은 무력하기 때문에, 오로지 믿음만이 우리가 의존할 수 있는 것이라고 몽테뉴(Michel Eyquem de Montaigne, 1533~1592), 파스칼(Blaise Pascal, 1623~1662), 베일(Pierre Bayle, 1647~1706)로 대표되는 근세의 신앙주의자들은 주장한다. 그들은 오로지 믿음 내에서만 이성은 가치를 지닐 수 있다고 말한다. 아무리 위대한 정신일지라도 진리를 발견할 수 없으며, 진리는 오로지 믿음에 의해서만 획득할 수 있다고 그들은 설파한다. 그들이 신앙주의를 전파하면서 가장 많이 도움을 빌린 사람이 고대 회의주의자인 섹스투스 엠피리쿠스이다. 이것은 신앙으로의 전향에 철학적 의심이 결정적인 역할을 하고 있음을 분명하게 말해 준다. 철학이란 진리의 불만족스러운 안내자이고 따라서 기껏해야 그것은 우리를 의심으로 인도할 수 있을 뿐임을 회의주의자가 보여 주고 있기 때문이다. 이런 회의주의자의 성과에 기대고 나서야 이성을 폐기하고 신앙으로 전향해야 한다는 신앙주의자가 비로소 힘을 얻는 것이다.

신앙주의는 무조건 신앙에 매달리는 입장을 가리키지 않는다. 그것은 우리가 사물의 본성에 대한 판단이나 결정을 유보할 수밖에 없음을 보여 주는 철학적 회의주의와 동전의 양면을 이루고 있다. 우리가 대상의 실제 모습을 알 수 없는 존재자라는 뼈아픈 각성과, 따라서 우리가 믿을 것은 하나님밖에 없다는 신앙으로의 귀의는 밀접하게 결부되어 있다. 신앙주의는 회의주의에 의존한다. 그것은 엄밀한 지성의 탐구를 매개로 지성을 넘어서려고 한다. 근세의 소위 '이성의 시대'에 어떻게 (얼핏 보기에 이성과는 대립되는) '신앙의 시대'가 버젓이 병존하고 번성을 누릴 수 있었는지는 회의주의를 통하지 않고서는 이해될 수 없다.

파스칼은 이런 신앙주의를 대표한다. 그는 회의적 논변을 원용하여 신앙주의를 열정적으로 옹호한다. 신이 존재하는지

안하는지를 인식론적으로 결정할 수 없는 판단 보류의 상황에 처해서 그는 '도박사의 논증(gambler's argument)'을 제시한다. 도박사는 가능한 한 큰 상금을 탈 기회를 가지는 것, 그러면서 잃을 기회를 가능한 한 적게 하는 것을 목표로 한다. 그는 도박에서 이길 가능성을 최대화하고 질 가능성을 최소화한다. 인식론적으로 무지의 베일에 가려진 우리는 신이 존재하는지 아니면 존재하지 않는지를 선택해야만 한다. 신이 존재하면서 동시에 존재하지 않을 수 있는 경우의 수는 없기 때문이다. 우리는 어떤 신뢰할 만한 인식론적 지식도 갖고 있지 않은 상태에서 이제 한편을 선택하지 않으면 안 된다. 그래서 파스칼은 우리가 도박사와 같은 입장에 처했다고 간주하고, 신의 존재가 인식론적으로 입증될 수 없는 상황에서 분별력 있는 도박사라면 신의 존재를 믿는 쪽에 판돈을 걸 것이라고 주장한다.

도박사가 신이 존재한다는 편에 걸었을 경우 실제로 신이 존재한다면 모든 것을 얻고, 신이 존재하지 않는다 해도 잃는 것이 별로 없다. 반대로 신이 존재하지 않는다는 편에 걸었을 경우 실제로 신이 존재한다면 모든 것을 잃고, 신이 존재하지 않는다 해도 얻을 것이 별로 없다. 따라서 파스칼은 손해를 보지 않는 내기를 거는 셈치고 무조건 믿으라고 역설한다.

우리가 알 수 없는 상황에서는 믿는 것이 가장 커다란 이익을 우리에게 가져다 줄 것이기 때문이다. 인식론적 무지 상태에서 우리에게 최선의 길은 믿는 일이다.

그런데 신앙주의자가 권장하고 있는 대로 우리에게 이익이 된다고 해서 우리는 무엇의 존재를 절대적으로 믿을 수 있을까? 자기에게 이익이 된다고 해서 믿고 그렇지 않다고 해서 믿지 않는다면 그 믿음의 과정은 진실하지 못하며, 동기는 전적으로 이기적인 것처럼 보인다. 만일 신이 존재한다면 이런 얄팍한 계산에 의해 자신을 믿는 사람을 벌주는 데서 큰 기쁨을 누리지 않을까?

신앙주의의 한계는 우리가 어떤 것을 믿으려 한다고 해서 그것을 믿을 수 있는지를 보증할 수 없다는 데에 있는 것 같다. 우리는 원하는 대로 무엇이든 믿는 것이 가능하지 않다. 믿으려면 알아야 한다. 무엇을 진실로 믿기 위해서는 먼저 그 무엇이 참이라는 것을 인식론적으로 확인해야 하지 않을까?

신앙주의자는 이런 인식론적 탐구가 최종적으로 도달한 곳은 회의주의이기 때문에, 그는 인식론의 난제를 자각하고 난 후에 비로소 신앙을 선택한 것이라고 응답할 수 있다. 그런데 이 대답은 회의주의를 극복할 길이 완전히 봉쇄되어 있다는 것을 이미 전제로 삼고 있다. 회의주의로부터 우리가 빠져 나올 길이 전무(全無)하다는 점이 인식론적으로 밝혀질 경우에만 신앙주의는 커다란 설득력을 얻게 된다. 신앙주의는 애초부터 인식과 신앙이 서로 다른 영역임을 인정하는 데서 출발한 것이 아니라, 우리가 회의주의 논변에 더 이상 대응할 수 없다는 인식론적 절망으로부터 신앙으로 이행하고 있기 때문이다. 만약 회의주의의 공격에 견뎌 낼 수 있는 최소한의 인식론적 방어망이 가능하다면 신앙주의의 힘은 그만큼 약해질 것이다. 이런 측면에서 이제 신앙주의는 회의주의에 대한 최종적인 대안이 아니라, 오히려 "회의주의에 대한 대응이 가능한가?"라는 본격적인 물음의 장(場)으로 우리를 인도한다.

우리가 세계를 구성한 것은 아닐까?

우리는 상식적인 실재론에서 출발해서 먼 길을 돌아 결국 세계의 본질에 관해 우리는 아무것도 인식하지 못한다는 회의주의의 파탄을 맞이하였다. 근세의 계몽 시기에 한정해서 말한다면 적어도 흄 이전까지 회의주의는 진지하게 다루어지지 않았으며 단지 무시되거나 편의대로 전용되었을 뿐이다. 이론적으로 우리가 회의주의에 빠질 수밖에 없다는 점을 흄이 밝혔다는 점에서, 이후의 철학자에게 회의주의의 철학적 심각성과 학문적 수준을 인지시킨 공로는 어디까지나 흄에게 돌아가야 한다.

흄의 회의주의는 인식론에 치유될 수 없는 깊은 내부 손상을 입혔다. 그것은 학문적 지식에서 필연성과 객관성을 박탈하고 개연성의 지위만을 허락하였다. **칸트**(Immanuel Kant, 1724~1804)는 흄에 의해 지식 일반과 관련하여 근본적인 문제가 제기되었음을 깨닫는다. 말하자면 그는 흄에 의해 독단의 잠에서 깨어나게 되었던 것이다. 그리고 잠에서 깬 칸트는 인식론과 관련하여 그 누구도 해내지 못했던 독창적이며 새로운 길을 개척해 냈다.

칸트는 회의주의의 도전을 어물쩍 회피하거나 혹은 그 도전에 도저히 견디어 낼 수 없는 독단주의를 고수함으로써 회의주의에 대응해서는 안 된다고 생각했다. 그것은 도전자의 기세를 살려 줄 뿐이다. 회의주의를 극복하기 위해서는 우리의 사고방식의 혁명적인 전환이 필요하다.

왜 우리는 정상적인 시각을 가진 경우 모두 사과를 빨갛다고 볼까? 이런 인식의 이유를 우리는 (우리 밖에 있는 저 사과가 빨갛다거나 혹은 그것이 우리에게 빨강의 관념을 불러일으키거나 혹은 신이 그것을 빨갛게 보도록 한다는 식으로) 하여간

저 사과와 관련해서 찾아 왔다. 그러나 그렇기 때문에 우리는 회의에 빠져버렸고 거기로부터 탈출할 수 없었다.

회의주의를 극복하기 위한 칸트의 착상은 탐구의 초점을 대상들 자체에 대한 인식이 아니라, 이런 인식을 선험적으로(a priori) 조건지우는 우리들 주관의 인식 형식에 두어야 한다는 데에 있다. 여기서 '선험적'이란 '경험과 독립해서'라는 의미이다. 반대로 '후험적(a posteriori)'은 '경험에 의존해서'를 뜻한다. 쉽게 말해서 우리가 대상을 인식하기 전에, 먼저 대상을 인식할 수 있는 우리의 고유한 인식 능력을 검사해 보아야 한다는 것이다. 코페르니쿠스는 그때까지 누구나 받아들이던, 태양이 (예수님이 태어나신 우주의 중심인) 지구 주위를 돈다는 천동설을 부정하고, 오히려 지구가 태양 주위를 돈다는 발상의 전환을 시도하였다. 인식론에서 칸트가 세운 혁명적인 프로그램도 마찬가지이다. 인식론에서 문제의 관건은 대상이 우리의 인식에 미치는 영향력이 아니라 거꾸로 우리의 주관의 능력이 대상의 인식을 선험적으로 조건지우는 형식에 있다고 칸트는 제안한다. 대상으로부터 우리 주관의 인식 능력으로 탐구의 방향을 전환시킨 것이 바로 인식론에서 칸트가 감행한 코페르니쿠스적 전회이다.

대양 아래에 살고 있는 고기의 크기를 알기 위해 배를 탄

과학자가 있다고 하자. 그 과학자는 오대양을 샅샅이 뒤지며 고기를 조사하였고, 오랜 작업 끝에 모든 바다 고기의 크기는 2센티미터 이상이라는 결론을 내렸다. 그가 확신을 갖고 이런 결론에 이른 과정은 믿을 만한가? 혹시 이런 결론이 나온 것은 그가 오로지 바다 고기(외부의 대상)에만 주의를 집중했기 때문이 아니었을까? 사실상 그가 2센티미터 이상의 고기만을 잡을 수 있었던 근본적인 이유는 그가 사용한 그물코의 크기(대상을 인식할 수 있는 우리의 능력)가 2센티미터였기 때문이었을지도 모른다. 다시 말해 과학자는 이미 바다에 나가기 전에 (즉 선험적으로) 2센티미터의 그물코를 가진 그물(인식틀)을 준비해 놓았던 것이다.

칸트가 말하고자 하는 핵심은 바다로 나가기 전에 이미 우리가 구비하고 있는 그물코(인식 능력)를 검사해 보아야 한다는 것이다. 우리는 우리의 이성을 갖고 우리의 이성 능력을 검토해 보아야 한다. 이것이 칸트가 비판 철학을 통해 하려고 하는 작업이다. 이성에 의한 이성의 자기비판(검토)이 선행되지 않고서 외부 세계의 인식 가능성 여부를 논하는 것은 순서가 뒤바뀐 일이고, 인식론적 물음을 해결할 수 없게끔 헝클어 놓는 짓이다.

칸트는 "세계에 관한 지식이 존재하는가?"라는 물음으로부터 "어떻게 세계에 관한 지식이 가능한가?"라는 물음으로의 전환이 인식론에서 선행되어야 한다고 본다. 문제를 풀기 위해서는 어떤 물음을 묻는가가 중요하다. 이 전환은 세계에 관한 지식을 획득함으로써 회의주의를 물리치려는 시도는 결코 성공할 수 없다는 흄의 통찰을 반영하고 있다. 또한 물음의 이러한 변경은 우리가 초월적인(transcendental), 즉 비록 경험할 수는 없지만 경험들의 배후에 있으면서 경험들을 조건지우는 우리의 주관의 인식 형식들에 관한 탐구를 통해서만 회의주의를 반박할 수 있음을 가리킨다.

우리 주관이 갖고 있는 선험적인 인식 형식(그물코)을 발견할 수만 있다면, 우리는 세계에 관한 지식의 보편성과 필연성을 획득할 수 있을 것이다. 우리가 애초에 구비하고 있는 그물코가 2센티미터라는 점이 밝혀지면, 어느 바다에서나 우리가 잡는(인식하는) 고기(대상 세계)가 2센티미터 이상이라는 지식은 더 이상 저마다의 개인적 편차에 따라 다른 임의적인 것도 아니고 개연적인 것도 아닐 것이다. 물론 정말 바다에 사는 고기가 모두 2센티미터 이상인지는 우리가 알 수 없다. 다만 우리가 잡는 고기는 분명히 2센티미터 이상이라는 것만은 자의적인 지식이 아니고, 의식 일반의 차원에서 누구나가 인정할 수밖에 없는 객관적 지식일 수 있다.

세계에 관한 우리의 지식이 있는 그대로의 세계 자체(물자체)에 관한 지식이 아니라고 해서 이 지식의 지위가 폄하되어서는 안 된다. 이 지식은 단순한 경험적인 인식이 줄 수 없는 보편성과 필연성을 갖추고 있기 때문이다. 그리고 이런 지식의 확립은 회의주의가 변호하려는 '모든 지식의 상대성'을 반박할 것이다. 그렇게 되면 유목민인 회의주의자는 방랑을 끝내고, 객관적이고 필연적인 지식을 발판으로 정착하게 될 것이다.

  우리가 어떤 대상을 인식하기 위해서는 우선 감각이 경험적으로 주어지지 않으면 안 된다. 우리 감각에 주어지는 것이 전혀 없다면 아무것도 인식할 수 없으리라는 것은 당연하다. 요리할 재료가 없으면 요리 행위 자체가 성립할 수 없을 것이다. 이렇게 경험적으로 처음에 주어지는 감각은 전적으로 무규정적인 것이고, 뒤죽박죽된 잡다한 것이다. 이런 다양한 인식 소재를 수용하는 우리 마음의 감각(칸트의 용어로 말한다면 직관) 능력이 감성이다. 감성은 바로 그것을 매개로 하여 우리에게 대상이 주어지는 최초의 인식 능력이라고 할 수 있다. 그러나 이 단계에서는 대상이 단순히 주어졌을 뿐 아직 인식되지는 않은 상태이다.

  그런데 우리의 감성(적 의식)은 잡다한 인식 내용들을 수용할 때 의식에 쇄도해 들어오는 상(像)들을 서로 무차별적으로 뒤섞이게 하는 것이 아니라, 벌써 그것들을 서로 떼어 구별하고 가지런히 정열하며 질서 있게 배열한다. 말하자면 우리의 감성은 공간과 시간이라는 선험적인 직관 형식을 통해 그 자체로는 혼돈스러운 인식 내용 세계에 최초의 질서를 부여하는 것이다. 공간의 형식은 혼돈스러운 내용들을 가지런히 병존시키는 기능을 하며, 시간의 형식은 그것들을 선후 관계에 따라 정립하는 기능을 한다. 칸트의 비판 철학에서 공간과 시간의 의미는 감성적 의식에 의한 질서 부여 작용에 의거해서만 파악될 수 있다. 우리의 의식에 쏟아져 들어오는 감각들과 표상들은 일차적으로 감성의 선험적 직관 형식(공간과 시간)에 의해 가공되고 변형된다. 직관 형식이 없다면 즉 꾸며지고 변형되지 않고서는 우리에게 어떤 감각이나 표상도 주어지지 않는다.

감성에 의해서 우리에게 주어지는 것은 직관(감각)들일 뿐이다. 물론 이 직관들은 공간과 시간의 선험적 직관 형식을 거치기 때문에 직관적 질서를 갖고 있다. 그러나 이 직관적 질서는 여전히 엄청난 다양성을 품고 있어서 일목요연한 질서와 학문적인 통일에 다다르지는 못한다.

이 인식 소재들에 좀 더 고차적인 질서를 부여하는 것이 우리의 사유(개념) 능력인 지성이다. 지성은 감각을 통해 주어진 요리 재료를 가지고 요리를 시작한다. 그것은 선험적인 지성 형식들을 통해서 다양한 감각들을 결합하고 그 감각들 간의 연관을 확립하며 종합을 이루어 낸다. 칸트가 밝힌 바에 따르면 우리 인간의 지성은 12가지 범주의 지성 형식들을 선험적으로 구비하고 있다.(열두 범주들의 구체적인 연역에 관한 논의는 이 글의 범위를 벗어난다. 여기서는 간략하게 열두 범주의 세목만을 언급하는 것으로 그치고자 한다. 첫째, 양에 관한 범주로는 단일성, 다수성, 전체성, 둘째, 질에 관한 범주로는 실재성, 부정성, 제한성, 셋째, 관계에 관한 범주로는 실체와 우유성, 인과성과 의존성, 상호성, 넷째, 양상에 관한 범주로는 가능성 — 불가능성, 현존성 — 비존재성, 필연성 — 우연성이 있다.) 우리의 지성은 이런 범주(개념)들을 통해 직관적 내용들을 또다시 가공하고 변형시킴으로써 내용들의 세계에 형식과 질서를 부여하고, 그 세계를 조감 가능한 연관들 속으로 끌어 들이며 통일적으로 정립한다. 감각적으로 주어진 내용들을 종합적으로 총괄하고 그것들을 통일적으로 정초시키는 작업은 우리가 선험적인 지성 형식들에 의해 비로소 기대할 수 있는 것이다.

이제 우리는 세계를 인식할 수 있다. 왜냐하면 우리의 세계는 우리의 직관 형식과 지성 형식에 의해서 바로 우리가 구성한 것이기 때문이다. 한마디로 우리가 세계를 구성해 내기 때문에, 우리는 세계를 속속들이 인식할 수 있다. 학교 앞 붕어빵 장수를 예로 들어 보자. 그는 밀가루 반죽으로부터 항상 동일한 붕어빵을 만들어 낸다. 왜 그럴 수 있는가? 그것은 정형화되어 있지 않은 밀가루 반죽(직관 내용)을 붕어의 모양을 한 주조틀(선험적인 지성 형식)에 부어서 빵을 만들어 내기 때문이다. 밀가루 반죽을 우리가 항상 붕어빵으로 인식할 수 있는 것은 다름 아닌 붕어빵의 주조틀이 그렇게 밀가루 반죽을 붕어빵으로 구성해 내기 때문이다. 이와 유사하게 대상이 그렇게 우리에게 인식되는 까닭은 대상이 그런 성질을 지니고 있기 때문이 아니라, 바로 우리들 주관의 형식들이 대상에 그런 성질을 부여하기 때문이다. 칸트의 표현을 빌리면 "경험 일반을 가능하게 하는 조건들이 동시에 그 경험의 대상들을 가능하게 하는 조건들이다."

인과 관계는 흄에 의하면 각각 원인과 결과로 간주되는 두 사건이 시간적으로 연속해 있으며 공간적으로 근접해 있음을 나타낼 뿐이었다. 그것은 단지 우리의 오랜 사고 습관의 산물에 그치고 말았다. 그리하여 그것은 지식 일반이 필연성을 상실하는 중요한 전거로서 기능하였고, 마침내 우리는 회의주의자가 되고 말았다. 칸트는 이런 절망적 상황이 지성이 지니고 있는 순수한 지성 형식들을 전혀 고려하지 않은 채, 원인과 결과의 개념을 경험적으로만 다룬 데 기인한다고 본다. 지성 형식 가운데 하나인 인과성은 두 사건을 인과적으로 경험하게끔 선험적으로 조건지우고 있다. 즉 두 사건은 인과적으로 구성되어 그렇게 인식되기 때문에, 두 사건의 인과성은 단지 습관적인 기대에 그치는 것이 아니라 필연성과 보편성을 지니게 된다. 그리하여 경험 세계에 관한 우리의 지식은 회의주의자가 말하는 개연성의 수준을 벗어난다. 따라서 지식의 상대성을 공언하는 회의주의는 반박된 셈이다.

칸트가 주관의 선험적인 인식 조건들을 연역함으로써 그리고 대상이란 우리 주관에 의해 구성된 것임을 밝힘으로써 이르게 되는 결과는 우리가 가능한 경험의 한계를 넘어설 수는 없다는 것이다. 우리 주관의 인식 조건에 의해 구성된 세계는 바로 우리에 의해 구성된 세계(현상)이기 때문에 결코 있는 그대로의 세계 자체(물자체)가 아니다. 우리에 의해 경험 가능한 감성적 세계는 우리의 선험적인 주관의 인식 조건에 의해 객관적이고 필연적으로 인식될 수 있으나, 초감성적인 물자체의 세계는 우리의 인식의 한계 바깥에 있어서 우리는 그것들을 결코 인식할 수 없다. 우리는 그것들을 단지 사고할 수 있을 뿐이다. 이것이 2센티미터의 그물코를 가진 그물을 갖고 바다 고기를 조사할 수밖에 없는 우리의 운명이다. 우리는 바다 고기의 크기가 정말로 어떤지(물자체)에 관해서는 알 수 없다고 고백해야 한다. 만약 알 수 있다고 주장한다면, 그것은 사이비 지식이다.

우리가 물자체를 알 수 없다고 해서 물자체가 불필요한 것은 아니다. 사실상 이 물자체가 우리의 인식 능력이 요리할 재료(감각 자료)를 마련해 준다. 우리가 붕어빵을 만들어 내기 위해서는 무엇인가 밀가루 반죽이 있어야 한다. 그러나 우리의 지성이 밀가루 반죽을 만들어 낼 수는 없다. 마찬가지로 우리의 인식은 물자체가 우리의 감각을 촉발함으로써만 가능하다.

독단주의는 감성적 세계와 초감성적 세계를 구분하지 않고, 이 두 세계를 우리가 알 수 있다고 주장하였다. 그러나 이것은 과도한 신뢰이다. 우리가 알 수 있는 것은 감성적 세계에 한정되기 때문이다. 반대로 회의주의는 감성적 세계와 초감성적 세계를 막론하고 이 두 세계를 우리가 알 수 없다고 말하였다. 이것은 과도한 불신이다. 우리는 비록 초감성적 세계는 알 수 없지만 감성적 세계와 관련해서는 보편적이고 필연적인 지식을 정립할 수 있기 때문이다.

회의주의는 감성적 세계에까지 무차별적으로 의심을 관철하려는 과도한 월권을 행사한다. 이처럼 우리의 지식을 전면적으로 파괴하여 완전한 무정부 상태로 몰고 가는 회의주의에 대해서 칸트의 비판 철학은 부정적인 입장을 취한다. 그렇지만 무제약적인 대상 세계(물자체)를 알 수 있다고 주장하는 독단주의를 회의주의가 비판하고 있다는 점에서 칸트는 회의주의의 긍정적인 역할을 인정하고 있다. 의심에 대한 비판 철학의 태도는 이중적이다. 그것은 회의주의에 빠지지 않으면서도 회의적이다.

칸트는 현상에 보편성과 필연성을 부여함으로써 경험 세계에 관한 지식을 회의로부터 구출하며, 이 점과 관련해서 그가 회의주의에 일정 정도 응답하고 있는 것만은 분명해 보인다. 그러나 우리가 회의주의에 대한 대응에서 칸트의 비판 철학이 성취한 이런 공적을 인정한다 하더라도 그것을 회의주의에 대한 완전한 대응으로 보기는 힘들 것 같다. 비판 철학의 경우 의심의 침입을 막는 보호막은 현상에만 쳐질 뿐, 물자체는 의심에 노출되고 또 노출되어야만 한다. 물자체에 대한 진리 주장(세계는 유한하다.)은 언제나 원리적으로 동등한 권리를 갖는 반대 주장(세계는 무한하다.)을 초래한다. 이것은 우리가 경험할 수 없는 초험적인 세계를 마치 경험할 수 있는 세계처럼 오인하고 알 수 있다고 주장하는 데서 나오는 필연적 귀결이다. 초감성적인 세계에 대한 주장은 말하자면 칸트에게 있어서 무의미한 것이며, 오로지 이런 맥락에서만 회의주의는 용인되고 있다.

대상에 대한 인식이란 이미 주관적인 인식 가능성의 선험적인 조건에 의해 가공되고 변형되기 때문에, 우리 외부에 존재하고 있는 사물의 본성을 있는 그대로 인식할 수 없다는 결론은 비판 철학의 기획 자체에 이미 포함되어 있다고 볼 수 있다. 그런데 (구성된) 현상과 (있는 그대로의) 물자체 사이에 넘어설 수 없는 간극이 있다는 것이야말로 바로 회의주의자들이 강조하고 있는 바이다. 회의주의자들은 우리가 있는 그대로의 대상의 진짜 본성(본질)을 알 수 없다고 말하고 있기 때문이다. 비록 비판 철학이 회의주의가 진리 주장을 하기 전에 이성 능력을 미리 검토하지 않았으며, 현상을 우연적인 가상으로만 치부할 뿐 그것이 가지고 있는 보편성과 객관성을 간파하지 못했다는 점에서 회의주의를 공격하고 있기는 하지만 말이다. 그렇지만 초감성적 세계에서 지식 주장은 대립적일 수밖에 없으며, 우리는 물자체를 결코 알 수 없다는 지점에서 양자는 결론적으로 굳게 손을 맞잡고 있다. 칸트의 비판 철학에서 회의주의는 근본적으로 극복되기는커녕 오히려 원리적으로 기사회생할 수 있는 기회를 맞이한 것처럼 보인다.

회의주의자들은 종국적으로 사물 자체의 본성에 관한 판단 중지를 목표로 삼는데, 이때 그들이 계속해서 강조하는 바는 진짜 세계와 그것의 현상 간의 대조이다. 현상과 본질의 구분이야말로 철학적 회의주의를 성립시키는 핵심적인 패러다임이다. 회의주의는 현상과 본질을 분리하면서 우리가 본질에 접근할 수 없음을 보여 주었다. 이런 점에서 현상과 물자체를 구분하는 칸트의 비판 철학은 흄의 경험적 회의주의에 대한 적절한 응답일 수는 있어도 철학적 회의주의를 극복하는 데 있어 만족할 만한 이론으로 보기 어려우며, 오히려 회의주의와 목표를 공유하는 협력자로서 만난다.

결국 칸트의 비판 철학에서는 회의주의자들이 제출한 물음의 난해성이 더욱더 부각되며, 회의주의의 요체는 그대로 보존된다. 회의주의에 대한 대응과 관련하여 칸트 이후 "현상과 본질의 분리는 어떻게 극복될 것인가?" 하는 물음이 주요한 인식론적 과제로 떠오르는데, 그것은 현상과 본질의 메울 수 없는 틈을 설정하는 한 회의주의에 대한 완벽한 극복이란 가능하지 않다는 것을 깨달았기 때문일 것이다.

| 칸트의 구성설 |

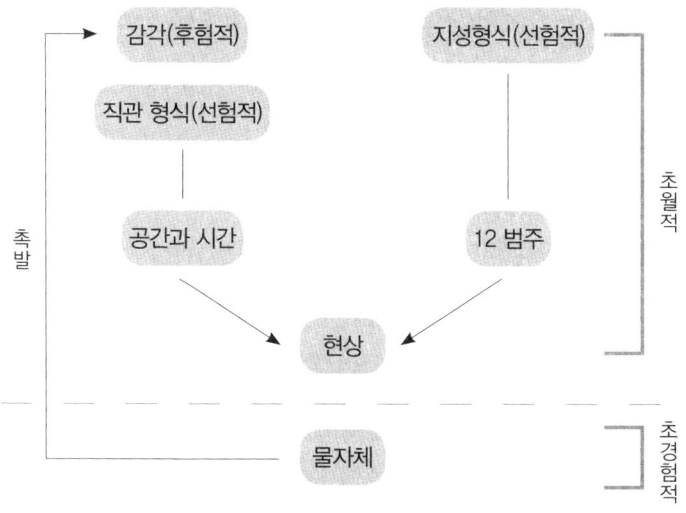

우리가 이분법적 사유 방식에서 벗어나면 회의주의를 지양할 수 있지 않을까?

흄은 극단적인 회의주의에 도달했다. 신앙주의는 신앙으로 회의를 돌파하려 했지만 회의주의에 대한 최종적인 이론적 해결책은 될 수 없었다. 그것은 회의주의를 매개로 신앙에 도달했지만 기실 회의주의와의 정면 대결을 미루고 있었을 뿐이다. 칸트는 현상과 물자체를 구분하면서 현상을 회의로부터 구출하였다. 그러나 사물 자체의 본성에 관하여 우리가 원리적으로 알 수 없는 이유를 제시함으로써 칸트의 비판 철학은 오히려 회의주의에 영원한 안식처를 마련해 주었다.

회의주의의 생명력은 아그리파의 다섯 가지 논변형식들에 고스란히 녹아 있다. 근세 철학의 완성자이며 현대 철학의 시조가 된 **헤겔**(Georg Wilhelm Friedrich Hegel, 1770~1831)이 보기에, 자기 이전의 철학들이 회의주의를 완전히 극복하지 못했다는 것은 아그리파의 논변형식들이 여전히 인식론의 중심 자리를 지키고 앉아 승리를 만끽하고 있었다는 것을 뜻한다.

그런데 헤겔은 자기 이전의 인식론에서는 철학적 회의주의가 기승을 부리지만 자기의 **사변 철학** 앞에서 그것은 완전히 위력을 상실한다고 주장한다. 이런 주장은 그의 철학이 아그리파의 논변형식들에 대해 최소한 원칙적인 해결의 가능성을 지니고 있음을 함축한다. 아그리파의 논변형식들에 대한 대응 방식의 차이야말로 자기 이전의 (지성) 철학과 자신의 (사변) 철학을 구분하는 하나의 결정적인 지점이라고 헤겔은 생각한다.

헤겔은 사태를 '이것이냐 저것이냐'와 같은 이분법적 구조로 파악하는 사유를 지성(Verstand)이라고 명명한다. 지성은 이것과 저것을 분리시켜 구별하면서, 이런 한정된 것을 독자적으로 존립하는 것으로 간주한다. 즉 그것은 상이한 혹은 대립하는 개념들을 아무런 관계도 갖지 않는 독립적인 것으로 취급한다.

물론 지성이 없다면 사유는 사태를 조금도 이해하고 설명할 수 없을 것이다. 어떤 사태에 대한 이해와 설명의 첫걸음은 사태의 다양한 요소들을 분할하여 분석하고 그것을 바탕으로 우연적인 것과 본질적인 것을 구별하는 데 있는데, 이렇게 사태를 일정하게 규정하고 고정시키는 사유의 활동이 바로 지성이기 때문이다. 지성은 이처럼 무엇인가에 대해 규정(부정)을 가능하게 하고 철학적 사유를 비로소 시작할 수 있게 하는 원동력으로 작용하기 때문에, 그것은 인간의 가장 경탄할 만한 위대한 위력이고 사유의 에너지이다.

그러나 지성이 특정한 영역에서 어떤 사태를 해명하는 데에 정당한 권리를 갖고 있다고 해서 이것이 지성의 무제한적인 효력을 정당화하지는 않는다. 개념들이 서로 맺고 있는 연관 관계를 파악하지 못한 채 (관계항들의) 관계를 사유하려고 할 때, 지성은 지성의 힘으로는 도저히 해결할 수 없는 난제에 부닥친다. 지성이 지성의 규정(개념)을 통해 사태의 전체적인 관계를 해명하려고 하면 할수록 지성의 규정을 통해 배척하려 한 다른 지성의 규정을 초래하고 만다.

예를 들어 지성은 '무한' 개념을 단지 '유한' 개념의 부정으로서 취급한다. 무한의 온전한 정체성은 유한의 부정을 통해서만 확보된다. 그러나 무한과 유한 개념을 이렇게 타자를 배척하는 것으로 이해하고 사용할 경우, 무한은 무한이 아니게 된다. 말하자면 그것은 '악무한(die schlechte Unendlichkeit)'이 된다. 왜냐하면 서로를 배척할 경우, 무한은 유한과 일대일로 맞서게 되고 대립하게 됨으로써 자기의 대립항인 유한을 포섭하기는커녕 오히려 유한의 부정을 통해서만 자기를 규정할 수 있는, 즉 유한에 의존하는 (무한 아닌) 무한으로 전락하기 때문이다. 그리하여 무한은 유한을 부정할수록 '유한한 무한'이 되고 만다.

다른 예를 들어 보자. '매개'와 '직접성'의 개념을 서로 타자로서 맞서고 배척하는 것으로 이해하고 사용할 경우, 직접성은 매개(규정)의 부정을 통해서만 자기의 정체성을 확보한다. 그러나 매개를 타자로서 배척하는 직접성은 어떻게 해도 순수한 직접성을 확보할 길이 없다. 왜냐하면 어떤 매개도 갖고 있지 않은 직접성이란 바로 (그것이 어떤 매개도 갖고 있지 않다는) 무매개성이라는 매개를 통해서만 규정될 수 있기 때문이다. "나는 최초로 베를린을 방문한다."고 말할 때 이 '최초'는 이미 ("서울은 방문해 보았는데 베를린은 처음이다."라는) 다른 장소와의 매개를 자체 내에 포함하고 있다. 직접적인 것은 직접적으로 직접적인 것일 수 없으며, 이 직접적인 것을 파악하는 일은 이미 여타의 것과의 관계(매개)를 통하지 않고서는 불가능하다. 직접성을 고집할수록 그것은 매개를 고수하게 된다. 이것은 모순이다.

지성에 의한 개념들의 무비판적인 이해와 사용 방식은 이렇게 항상 모순을 초래한다. 이런 의미에서 지성의 한계를 절감하게 만드는 것은 다름 아닌 지성의 활동 그 자체라고 할 수 있다. 이런 모순적 상황에 처하게 된 지성은 그러나 이 상황을 타개할 대책을 갖고 있지 못하다. 왜냐하면 이런 상황에 처해서도, 즉 일면적인 개념들의 절대적인 고착화야말로 지성이 사태를 파악할 수 없게끔 만든 실패의 근원적 원인임에도 불구하고, 여전히 지성은 일면적인 개념을 유일한 최고의 개념으로 올려놓기 때문이다. 지성의 결점은 자기 결점의 참된 원인을 모른다는 데 있다.

헤겔에 의하면 자기 이전의 인식론은 독단주의이다. 그리고 독단주의가 회의주의자 앞에서 무력할 수밖에 없었던 이유는 그것이 일면적이며 유한한 개념을 고집하는 지성에만 의존한 데에 있다. '이것이냐 저것이냐'의 양자택일에서 오직 하나만을 안중에 두는 독단주의자가 '이것'을 진리로 주장하면 회의주의자는 '저것'을 내세워 '이것'을 공박하고, 독단주의자가 '저것'을 진리로 주장하면 이제 회의주의자는 '이것'을 내세워 '저것'을 논파할 수 있다. 이런 이유로 회의주의자는 개념들을 이해하고 사용할 때 타자와의 무관계성을 고수하는 독단주의에 대해서는 무제한적인 효력을 발휘할 수 있었다. 반대로 지성의 미성숙함이 없다면 회의주의는 효력을 발휘할 터전을 상실했을 것이다.

회의주의자들은 이렇게 지성이 처하게 되는 모순을 자유롭게 제시하는 데서 즐거움을 찾는다. 회의주의자의 슬로건은 "모든 것은 상대적이다."이며, 이것은 관계항들이 서로 필연적으로 맺을 수밖에 없는 관계에 대한 사유를 회의주의자들이 이미 수행하고 있음을 나타낸다.

그렇다면 '무한'과 '유한', '직접성'과 '매개', '근거'와 '근거지어진 것' 등의 개념들을 하나의 총체적인 연관 속에서 파악한다면 회의주의는 원리적으로 극복될 수 있지 않을까? "어떻게 회의주의를 극복할 수 있을까?"에 대한 헤겔의 착상은 회의주의를 적대시하지 않고, 또는 칸트처럼 (초험적 영역에서 두 주장을 맞세우는) 회의적 방법을 부분적으로 수용하는 데 그치지 않고, 아예 전면적으로 회의주의자의 사유 방식을 흡수하는 데에 있다. 요컨대 회의주의가 개념들을 서로 이질적이며 대립적인 것으로 맞세우는 지성에 대해서만 효력을 발휘할 수 있다면, 이제 모든 개념을 하나의 총체적인 통일 관계 속에서 파악할 경우 회의주의는 더 이상 공격의 대상을 원천적으로 찾을 수 없을 것이다.

서로 상이하거나 대립하는 개념들이 맺고 있는 관계를 파악하고 서로 반대되는 유한한 개념들을 하나의 전체를 이루는 계기들로 정립함으로써 개념들의 총체적이며 통일적인 연관 관계를 파악하는 사유를 헤겔은 (긍정적) '이성(vernunft)' 혹은 '사변'으로 부르고 있다. 사변은 서로 대립하는 개념들을 하나의 전체를 구성하는 필연적인 계기들로 이해하고 파악하기 때문에, 사변에게는 타자에 맞서는 타자란 존재하지 않는다. 그리하여 타자를 타자에 맞서게 함으로써, 즉 개념(사유 규정)들을 필연적으로 대립하게 만듦으로써 인식론에서 영원한 승리를 구가할 것처럼 보였던 회의주의는 타자 관계를 완전히 지양한 사변 앞에서는 힘을 잃는다. 회의주의가 전가의 보도처럼 휘둘렀던 "동등한 권리를 가지고 서로 반대되는 것들을 제시하는" 전략은 사변 앞에서는 더 이상 타자를 타자와

맞서게 할 수 없기 때문에 존립 기반을 상실한다.

　엘니뇨를 예로 들어 보자. 엘니뇨란 스페인 어로 남자 아이 또는 아기 예수를 의미하며, 태평양 적도 부근에서 남미 해안에 이르는 광대한 범위에서 2~6년마다 불규칙적으로 해수면 온도가 지속적으로 높아지는 현상을 말한다. 페루와 에콰도르의 국경에 있는 만(灣)에 북쪽으로부터 난류가 유입되어 연안의 수면 수온이 상승하자 이 난류를 따라 평소에 볼 수 없었던 고기들이 되돌아와 페루 어민들이 하늘의 은혜에 감사하는 뜻으로 이 현상을 아기 예수의 의미를 가진 엘니뇨라 불렀다. 엘니뇨는 1950년대까지 페루 연안의 국지적인 현상으로 이해되었다. 그러나 전지구적인 해양과 대기 온도의 관측망이 정비되자 엘니뇨는 태평양 적도 지역의 해수면 온도뿐만 아니라 대기의 온도와 순환과도 밀접한 관련을 지닌다는 사실이 밝혀졌다.

　비유적으로 표현한다면 지성은 남미 연안의 해수면 온도와 태평양의 해수면 온도를 따로따로 분리한 채 데이터를 분석하고 계산하고 정리하는 사유일 것이다. 물론 이런 작업은 제한된 영역에서는 효력을 발휘할 수 있다. 그러나 엘니뇨 현상을 전체적으로 설명하는 데에 그것은 실패할 수밖에 없고 자기 한계를 절감할 수밖에 없다. 왜냐하면 지성은 총체적인 연관 사태를 항상 일면적으로만 파악하려고 들기 때문이다. 회의주의자는 세계 전체를 정합적으로 해석하는 데에서 지성이 한계에 봉착할 수밖에 없다는 것을 보여 준다. 그는 남미 연안과 태평양의 해수면 온도와 대기가 상호 연관되어 있다는 것을 파악하고 있다. 회의주의는 지성의 시도를 무화(無化)시키는 데에 효과적이다. 다른 한편으로 보자면 바로 이런 지성의 한계 때문에 회의주의는 손쉬운 안락을 누릴 수 있었던 것이다. 지성이 남미 연안의 온도만을 들여다 볼 때, 회의주의는 (그것의 현상만으로는 해명될 수 없는) 태평양 연안의 해수면 온도를 제시할 수 있다. (하나밖에 알지 못하는 사람을 둘 셋을 아는 사람이 골려 주기란 얼마나 쉬운 일이며 유쾌한 일인가!) 그러나 이제 엘니뇨 현상을 총체적으로 이해하는 사변 앞에서 회의주의는 더 이상 위력을 발휘할 수 없다. 왜냐하면 여기서는 사변이 미처 생각하지 못했던 새로운 데이터나 연관 관계를 회의주의자가 더 이상 제출할 수 없기 때문이다. 사변을 통해 (자기 한계에 처하게 되는 지성적인) 개념들의 완전한 전체 체계를 파악하고 서술함으로써 어떤 대안적인 경쟁 개념도 등장할 수 없도록 원리적으로 봉쇄하고자 하는 것이 회의주의에 대한 헤겔의 핵심적인 대응이라고 할 수 있다.

회의주의는 인식론에서 돌파구를 마련하려 했던 모든 지성적 시도를 무(無)로 돌릴 수 있었다. 그래서 인간은 이 의심의 늪으로부터 빠져 나올 수 없음을 인정하고 스스로 체념하기까지 하였다. 그러나 독단주의자를 공격하기 위해 회의주의자가 동원하고 있는 개념들의 의미 연관 관계를 인간의 사유(사변)가 파악할 수 있을 때, 이제 회의주의는 단순히 지성적 사유 방식(독단주의)을 패배시키는 데에서 만족하는 것이 아니라, 지성의 한계를 반성하면서 세계의 의미 연관에 관한 총체적인 지식을 서술하게 만드는 사변의 주요한 동인으로 기능할 수 있다. 사변은 지성을 비판하는 회의주의의 길을 통해서 서로 모순되는 일면적인 개념들을 하나의 통일적인 의미 연관 속에서 파악한다. 사변은 이렇게 회의주의와 함께 전진하면서 회의주의를 넘어선다.

우리가 개념들을 사유하는 것이 아니라 개념들이 우리의 사유를 규정하는 것은 아닐까?

회의주의를 무서워하고 회의주의를 반박할 수 없다고 자인하는 것은 지성뿐이다. 지성은 회의주의 앞에서 속수무책이다. 그러나 회의주의는 관계에 대한 사유를 "어떻게 상대방

(독단주의)을 비판하는 데 이용할까?"에만 골몰할 뿐, 관계에 대한 사유를 통해서 필연적이고 유기적이며 포괄적인 지식 체계를 세울 수 있는 가능성에는 등을 돌리고 있다. 부정적인 역할만을 해 온 철학적 의심이 얼마나 생산적으로 지식 체계의 확립에 기여할 수 있는가를 깨닫는 것은 사변이다. 사변은 회의주의를 통해 좀 더 정합적이며 포괄적인 세계의 파악에 도달할 수 있다.

그렇다면 개념들이 필연적이며 유기적인 연관 관계를 맺고 있는 완전한 지식 체계를 우리는 어떻게 획득할 수 있을까? 이런 지식 체계가 헤겔을 포함하여 어떤 철학자 개인에 의해 자의적으로 구축된 것이라면, 이것은 당연히 필연성과 보편성을 상실한 독단적인 전제 설정에 불과할 것이다. 또한 이것이 한 개인의 작품이 아니라 칸트의 경우처럼 우리들 인간의 주관에 의해 구성된 것이라 하더라도 그것은 사태 자체의 본성과는 별 관련이 없을 것이다. 주관이 개입하거나 주관을 매개로 하는 이상, 지식은 있는 그대로의 존재 세계를 굴절시키기 마련이고 따라서 그것으로 향하는 통로는 차단된다.

이런 난제는 우리가 사유 활동을 통해 개념을 도출하거나 개념들의 연관 체계를 만든다는 표상을 벗어 던지지 않는 한 결코 풀리지 않는다. 우리가 우리 주관의 지평을 떠나지 않는 한 우리는 주관이라는 필터를 거쳐야만 하기 때문이다. 헤겔의 혁명적인 발상은 우리가 우리의 사유를 이용해서 개념을 도출한다는 생각을 버리고, 거꾸로 우리의 사유가 개념을 통해서 규정된다고 하는 전환에서 정점에 이른다. 언뜻 우리가 개념을 이용하여 사유를 진행시키는 것 같지만, 실상은 서로 필연적으로 관계를 맺고 있는 개념들의 질서가 우리의 사유를 이미 항상 규정하고 있다는 것이다. 개념들의 전체 연관은 우리의 주관과는 상관없이 객관적으로 존재하며, 우리의 사유 활동을 조건지우는 선지평으로 작용한다. 예를 들어 바둑 게임을 할 때 얼핏 우리가 바둑 게임을 하는 것처럼 보이지만, 이미 질서 있게 짜여진 바둑 게임의 규칙(개념 연관)이 우리의 바둑 게임을 규정짓는다. 바둑 게임의 규칙을 어기면서 우리가 마음대로 바둑 게임을 할 수는 없다. 이렇게 보면 바둑 게임의 주도자는 우리가 아니라 바둑 게임이다.

개념을 주관성의 영역에서 탈각시켜 존재론적인 실재성을 갖는 것으로 변형시킨 작업이야말로 사변 철학의 요체라고 할 수 있다. 단적으로 말한다면 우리가 개념을 갖고 노는 것이 아니라 개념이 우리를 갖고 논다. 개념들은 고유한 존재론적 지위를 갖고 있고, 우리와 독립해서 필연적인 연관 관계를 구축하고 있다. 그리고 우리가 사유할 때 우리는 이미 항상 우리의 사유를 규정짓는 개념들의 필연적인 질서에 따라 사유할 수밖에 없다. 그래서 우리는 개념들의 사용이나 이해 방식과 관련해서 그것들을 발견할 수 있을 뿐 결코 발명하지는 못한다. 헤겔 자신의 표현을 빌리자면, 우리는 "자연과 유한한 정신이 창조되기 이전에 영원한 본질 속에 깃들인 신에 대한 서술"을 할 뿐이다.

그런데 개념뿐 아니라 개념들의 연관 관계를 우리가 만들어 내지 않는다면 도대체 무엇이 그렇게 할까? 헤겔은 개념들이 필연적으로 연관 관계를 구축하게 만드는 것은 개념들 자체라고 대답한다. 개념들 스스로가 자신들의 내적인 운동을 통해서 상호 연관 관계를 구축한다는 것이다. 예를 들어서 지성이 무한과 유한을 대립하는 것으로 취급할 경우, 무한은 유한한 무한이 되고 만다. 이 경우 무한의 개념은 무한의 개념에 걸맞지 않은 '악무한'이 된다. 이것은 자기모순이다. 무한이 '참무한'이려면 무한은 유한을 자기의 계기로서 품는 전체로서의 무한이 되어야 한다.

이렇게 무한과 유한이 자기모순에 처하지 않기 위해 상호 불가분의 관계를 맺어야 한다는 결과는 바로 무한과 유한이라고 하는 개념의 자기 전개(운동) 속에서 드러난다. 개념들은 내재적인 전개를 통해서 자기들이 나아가야 할 바를 규정하고 그럼으로써 다른 개념들과의 총체적인 연관 관계를 이룬다. 이런 유기적인 연관 관계를 보지 못한 채 개념을 이해하고 사용할 때는 지성에서 볼 수 있듯이 사태의 파악과 관련해서 항상 부정합적인 측면을 노정(露呈)하게 된다. 따라서 우리의 사유를 이끌고 반성하게 해 주는 것은 우리가 아니라, 자기 운동을 통하여 총체적인 연관 관계를 구축한 개념들이라고 할 수 있다.

개념은 스스로 자기를 전개해서 (얼핏 보기에) 대립해 있던 개념과 필연적인 관계를 맺으며 통일적인 의미 연관 전체를 형성한다. 그래서 개념은 우리들의 개입에 의한 작품이 아니라 사태 자체에 의해 필연적으로 움직이는 주체의 지위를 갖는다. 우리의 사유 활동이 주관적인 지평으로부터 벗어나 객관성과 보편성의 지위를 획득하게 되는 것은 인간 주관의 능력 덕분이 아니라, 개념(사유 규정)들 자체의 총체적인 운동 연관 때문이라고 할 수 있다. 말하자면 우리가 개념들을 사용함으로써 우리의 사유를 진전시키는 것이 아니라, 개념들 자체가 스스로 구축한 이성적 구조틀이 이미 항상 우리 사유의 활동을 조건지우고 진행시킨다. 결국 사변(이성)이란 내재적 질서를 스스로 구축해 나가는 개념의 운동을 우리의 주관에 의해 첨삭하지 않고 그대로 바라보고 서술하는 능력이라고

정의할 수 있다. (우리가 개입하면 사태 자체는 우리에 의해 어느 정도 채색되어 버리고 만다는 점을 상기하라!)

그래서 헤겔은 "우리는 자체 내에서 살아 움직이는 사유 규정들을 그대로 내버려 두어야 한다"고 강조한다. 그 까닭은 우리가 이 개념들을 이성(사변)적인 것으로 만드는 것이 아니라 이 개념들의 운동 자체가 이성적인 것이기 때문이다. 그래서 이성적 사유를 위해 중요한 것은 "개념들이 스스로를 어떻게 규정하는가를 우리가 관망하면서, 우리의 사념(私念)이나 사유를 조금도 여기에 부가하지 않도록 자제하는" 데에 있다. 사변이 개념들이 서로 맺고 있는 필연적인 관계를 관망하고, 개념의 운동에 대한 개입을 자제할 때 비로소 회의주의를 지양할 수 있다고 헤겔은 믿고 있다.

현상과 본질의 대립은 정당화될 수 있을까?

우리는 칸트의 비판 철학이 회의주의를 완전히 극복하는 데 실패했음을 보았다. 그는 현상과 물자체를 구별하면서 우리는 현상을 보편적으로 구성할 수 있을 뿐이고, 결코 물자체의 본성(본질)과 관련해서는 무엇이라 주장할 수 없다고 말하였다. 그래서 비판 철학의 작업은 현상과 본질을 이분법적으로 구별하고 대립시키는 한, 회의주의를 극복하는 데 부분적으로는 성공할 수 있을지라도 우리가 회의주의를 넘어설 수 없다는 것을 보여 주는 하나의 징표와도 같았다.

현상과 본질을 구별하고 대립시키고 대상 자체의 진정한 본질에 접근할 수 없다는 점을 인정하는 한, 회의주의는 영원한 생명력을 갖추게 된다는 것을 우리는 이미 알고 있다. 그래서 "우리가 회의주의를 극복할 수 있는가?" 하는 문제는 곧 "우리가 현상과 본질을 구별하고 대립시킬 때 이런 개념의 사용과 이해 방식이 과연 정당한가?" 하는 물음으로 환치될 수 있다. 이에 대한 답변은 헤겔에 의하면 우리가 아니라 바로 이 두 개념이 스스로 운동하면서 서로 간에 맺게 되는 의미론적 전체 연관 속에서 구해져야 한다. 이제 우리는 이 개념들이 운동하도록 비켜 서 있어야 한다.

본질적인 세계는 다양한 현상 세계의 근거라는 지위를 갖는다. 본질 세계와 현상 세계가 이렇게 근거 관계에 있다는 것은 양자가 이미 내용적인 측면에서는 동일하다는 것을 뜻한다. "왜냐하면 근거지어진 것 속에 없는 것은 근거에도 없고, 근거에 없는 것은 근거지어진 것에도 없기 때문이다." 무엇인가 현상으로 드러나게 된 것은 바로 그것을 그런 현상으로 드러나게끔 한 본질이 있기 때문이다. 반대로 현상이 없다면 근거는 스스로를 드러낼 터전을 잃게 된다.

양자가 구별되는 것은 내용의 측면이 아니라 형식적인 측면에서일 뿐이다. 한쪽은 본질적인 세계이고 다른 쪽은 비본질적인 세계이기 때문에, 본질적인 세계는 현상 세계의 부정이고, 따라서 현상 세계와 대립하는 것이기도 하다. 이렇게 내용적으로는 동일하면서도 형식적으로 대립하는 관계는 전도(顚倒)의 관계라고 할 수 있다.

전도의 관계는 서로가 서로를 완전히 배척하는 부정 관계도 아니며 넘어설 수 없는 틈으로 단절된 피안의 관계도 아니다. 예를 들어 '힘'을 살펴보자. 힘이 힘으로 드러나기 위해서는 이 힘이 드러날 수 있도록 이 힘에 의해 자극을 받는 쪽이 있어야 한다. 자극을 받는 쪽이 있어야 자극을 가하는 쪽이 있을 수 있다. 거꾸로 자극을 받는 쪽이 자극을 받기 위해서는 자극을 가하는 쪽이 있어야 한다. 자극을 가하는 쪽이 없다면 자극을 받는 쪽도 없게 된다. 이 관계를 좀 더 자세히 살펴보자. 자극을 받는 쪽은 자신이 자극을 받도록 자극을 가하는 쪽에 자극을 주고 있다. 반면 자극을 가하는 쪽은 자극을 받는 쪽에 자극을 주도록 자극을 받는 쪽에 의해 자극을 받고 있다. 자극을 받는 쪽이 자극을 가하는 쪽이며, 자극을 가하는 쪽이 자극을 받는 쪽이다. 이런 관계를 통해서만 '힘'이라는 개념이 온전히 파악되었다고 말할 수 있다. 이렇게 내용적인 측면에서 양자는 동일하며, 형식적인 측면에서만 자극을 가하는 쪽과 자극을 받는 쪽으로 나누어질 수 있다.

사실 본질과 현상의 두 세계를 구분하는 것은 단지 두 세계가 서로 전도의 관계에 있다는 것뿐이다. 현상하는 세계에서 긍정적인 것은 본질적인 세계에서는 부정적이고, 역으로 전자에서 부정적인 것은 후자에서는 긍정적이다. 두 세계는 부호만 다를 뿐 내용은 동일하다. 이것은 이미 한 세계가 내용적으로 다른 세계를 포함하고 있기 때문에, 본질과 현상이라는 두 개념 간의 이분법적 구별이 더 이상 유지될 수 없다는 것을 가리킨다.

전도된 관계에서는 대립하고 있는 양자의 구별은 사라지게 된다. 왜냐하면 정말로 존재하는 세계인 본질은 그 자체 현상하는 세계이고, 현상하는 세계는 자기 자신 안에서 이미 본질적인 세계이기 때문이다. 양자는 대립하고 있는 독립적인 항이 아니라 하나의 통일 속에 있는 두 계기로 정립된다. 이해를 돕기 위해 오해의 소지를 무릅쓰고 경험적인 예를 든다면 하나의 가정이라는 통일체 속에서 두 부부는 독립적인 개별자로서가 아니라 하나의 가정을 구성하는 두 계기로 자리 잡는다. 양자는 형식적으로는 자극을 가하는 쪽과 자극을 받는 쪽으로 나누어질 수 있겠지만 내용적으로 상대방을 그대로 반영하고 있다. 가정을 이루는 두 부부는 가정이라는 통일 안에서 '구별 아닌 구별'로 자리 잡는다. 마찬가지로 본질 세계와 현상 세계는 이미 상대방 속으로 이행해 있는 구별 아닌 구별이다. 본질 세계는 현상하는 세계의 피안에 있는 단순한 토대로서 기능하지 않는다. 본질과 현상이 의미론적으로 구축한 전체 연관 속에서 본다면 양자는 상호 구별될 수 없는 통일체를 이룬다.

헤겔이 생각하기에 자기 이전의 인식론이 결국 회의주의의 제물이 될 수밖에 없었던 근원적인 까닭은 본질과 현상이 맺고 있는 이런 필연적인 연관을 개념적으로 파악하지 못한 채 계속해서 현상의 근저에 있는, 그리고 현상과는 구별되는 무엇으로서 본질을 찾았기 때문이다. 현상과 본질을 고착화하는 이런 이분법에 의존하는 이상, 결국 본질은 알 수 없는 영역으로 떨어지게 된다.

흥미롭게도 회의주의자는 독단주의자를 비판하면서도 역시 현상과 본질을 구분하고 대립시킨다. 이 점에서 양자는 공통분모를 갖는다. 이런 구분이 개념적으로 정당화될 수 없음을 개념들의 운동 자체가 보여 주었다. 회의주의가 사변 철학

앞에서 무기력하게 되는 이유도 결국 "절대적 양분(絕對的 兩分)을 근원적 동일성에 의해 제약된 상대적 양분으로 격하시키는" 개념(사유 규정) 자체가 지닌 사변의 힘 때문이다. 개념의 통일적인 전체 운동 연관에 의해 회의주의의 가장 기본적인 구조를 이루는 본질과 현상의 구분과 대립은 정당화될 수 없는 것으로 드러난다. 그래서 우리는 이제 회의주의가 가진 위력이란 무제한적이지 않다고 말할 수 있고, 회의주의로부터 도피하려고 시도할 필요가 없다. 회의주의는 독단주의를 비판하면서 이미 개념의 의미론적 연관 관계를 암묵적으로 파악하고 있다. 사변은 회의주의를 부정하고 배척하는 것이 아니라 회의주의를 통해 사변에 이른다. 사변은 "스스로를 완성해 가는 회의주의"이다. 결국 헤겔은 한 개념이 다른 개념들과 함께 하나의 유기적인 통일 속에 자신을 정립하는 사변에 이르러서야 비로소 회의주의를 지양할 수 있고, 회의주의자들이 쳐 놓은 그물망으로부터 자유로울 수 있다고 보는 것이다.

이제 상황이 명확해진 듯하다. 왜 전통적인 (지성의) 인식론은 회의주의를 극복하지 못했을까? 그것은 문제를 해결할 수 없게끔 문제를 설정했기 때문이다. 현상과 본질을 구분하면서 현상의 껍질을 뚫고 본질을 탐색하려는 시도는 어떻게 해도 회의주의의 늪으로부터 빠져나오지 못한다. (현상과 본질이 전도된 관계에 있음에도 불구하고) 현상과 본질의 개념을 상호 무관한 타자로서 취급할 경우, 돌아오는 것은 인식론적 절망일 뿐이다.

  회의주의를 극복하는 데 있어 헤겔의 착상이 성공적이려면 개념들이 스스로 운동하며 구축하는 의미론적 전체 연관 체계가 서술되어야 한다. 그런데 과연 우리가 이런 개념들의 필연적인 이행 과정 전체를 완벽하게 서술할 수 있을까? 헤겔은 이런 난해한 작업을 완수했다고 장담했지만, 그것이 완벽한 것인지는 지금도 여전히 논란거리이다. 그렇다 해도 헤겔이 개념들의 운동에 주목함으로써 그리고 지성과 대비되는 사변을 제시함으로써 회의주의에 대한 원칙적인 해결의 가능성을 제시한 것만은 틀림없어 보인다.

6

인식론으로부터 벗어날 수 없을까?

- 우리의 언어적 삶 자체가 최후의 근거를 제시하고 있지 않을까?
- 우리는 실제 언어생활에서 오류를 저지르지 않을까?
- 역사를 이해하는 우리에게 인식론이 무슨 문제일까?
- 우리가 인식론적 물음에 정력을 낭비할 필요가 있을까?

우리의 언어적 삶 자체가 최후의 근거를 제시하고 있지 않을까?

우리는 정말 먼 길을 돌아 여기까지 왔다. 우리는 상식적 실재론에서 출발해서 회의주의의 절망을 거쳐 비로소 출구를 찾은 듯한 느낌이다. 사변 철학이 열어 놓은 조그만 틈새의 출구는 사실상 회의주의가 텃세를 부리고 있는 협소한 인식론의 영역을 벗어날 때만이 인식론의 난제를 풀 수 있음을 강하게 암시하고 있다. 사변은 형식 논리학에 기초한 지성의 한계를 넘어설 때만이 회의주의에 대응할 수 있음을 보여 주었다. 헤겔 이후 인식론의 물음에 대한 답변을 모색하려는 현대적인 시도들은 대개의 경우 인식론 내에서의 탐구가 아니라 (전통적인 인식론을 벗어나서) 인식론 자체가 자리 잡고 있는 지반에 대한 반성으로 나아가는 경향을 갖고 있다. 만약 현대에 들어서도 데카르트가 목표로 했던 인식에서의 절대적으로 확실한 아르키메데스의 점을 찾으려 한다면, 그것은 데카르트 이후 인식론의 발전사에 거스르는 시대착오적 발상일 것이다.

  부정할 수 없는 경험적인 사례나 혹은 절대적으로 확실한 인식의 근거를 제시함으로써 아그리파의 논변형식들을, 즉 회의주의를 반박하려는 기획은 곧바로 아그리파의 논변형식들의 포로가 되고 만다는 것을 우리는 이미 수도 없이 겪었다. 따라서 이런 방향에서 인식의 최후의 근거를 제시하려는 시도는 무모한 것처럼 보인다. 승산이 전혀 없기 때문이다. 현대 철학자들은 회의주의자와 이를 극복하려 한 근세 철학자와의 투쟁을 통해 이 점을 잘 깨닫고 있다. **아펠**(Karl-Otto Apel, 1922~)이 내세운 **선험화용론**이 이런 사정을 잘 보여 준다. 아펠은 (아그리파의 논변형식들의 복사판인) '뮌히하우젠 트릴레마'를 내세워 모든 지식의 객관성과 보편성을 손상시키려 한 알베르트의 작업을 공격하고 있다. 알베르트에 대한 그의 반박은 곧 지식의 정초 불가능성을 피력하는 회의주의에 대한 반박으로 볼 수 있다. 칸트가 경험 자체가 아니라 경험을 가능하게 하는 선험적 조건 자체를 탐구하려고 시도했던 것처럼, 아펠은 아그리파의 논증 자체가 아니라 아그리파의 논증 자체를 가능하게 하는 선험적 조건을 탐구하고, 이 조건을 밝힘으로써 논변형식들을 물리치려 한다. 간단히 말한다면 실제 대화를 가능하게 하는 (화용론에서의) 개별적인 언어 문장의 의미가 아니라, 이런 문장의 의미를 가능하게 하는 선험적 조건이 문제로 떠오른다. (이런 선험적 조건을 탐구 대상으로 한다는 점에서 아펠은 칸트의 후예이다.) 요컨대 아펠은 아그리파의 논변형식들과 동일한 수준에서의 대응이 아니라 "아그리파의 논변형식들을 가능하게 만드는 조건이 무엇인가?"를 탐구할 것을 제안한다. 아그리파의 논변형식들을 의미 있는 논증으로 만드는 가능성 및 타당성의 조건은 무엇일까?

아그리파의 논변형식들의 의미 자체가 아니라 이 논변형식들이 무엇인가 의미를 지니기 위해서 반드시 이미 항상 전제하지 않으면 안 되는 선험적인 전제들을 밝혀내면 인식론의 문제는 깨끗이 해결될 것이다. 왜냐하면 아그리파가 아무리 회의적인 논변형식을 제출했다 하더라도 이 논변형식이 사람들에 의해 의미 있게 의사소통되기 위해서 이미 항상 (암묵적으로) 전제하지 않으면 안 되는 무엇이 있다면 그것은 더 이상 회의할 수 없을 것이기 때문이다. 좀 더 쉽게 말한다면 아그리파의 회의적 논변들이 최소한 독해 불가능한 미친 소리가 아니라 이성적인 다른 사람들에 의해 의미 있는 어떤 논증으로 이해된다면, 이렇게 의미 있는 의사소통이 이루어질 수 있는 근본 조건을 이미 아그리파도 받아들이고 있는 셈이다. 어떤 주장을 펴건 혹은 어떤 의심을 제기하건 간에 어떤 것에 대해서 합리적으로 서로 이야기해 볼 수 있다면 이런 의사소통을 성립시키는 전제나 조건이 있게 마련이다. 만약 이런 의사소통의 근본 조건들을 받아들이지 않는다면, 모든 의미 있는 의사소통은 불가능해지고 우리는 무너진 바벨탑의 잔해 위에서 서로 으르렁대며 싸우는 짐승에 불과할 것이다.

더 이상 의심할 수 없으며 그래서 전제로서 받아들여야만 하는 논증 가능성의 조건이나 구조를 반성한다는 것은 곧 의미 있는 논쟁의 한계를 설정한다는 것을 뜻한다. 예를 들어 아그리파의 논변형식들이 아무리 회의적이라도 하더라도 그것들이 우리의 언어 게임에서 의미 있게 논의되기 위해서는 그 논변형식들 자체를 성립시키는 전제들까지 의심해서는 안 된다. 왜냐하면 이 회의적 논변들은 우리의 언어 게임의 선험적 전제들을 받아들임으로써만 성립될 수 있기 때문이다. 심지어 의미 있는 언어 게임의 조건들로서 이런 선험화용적인 전제들을 의심하고 반대하기 위한 회의적 논변조차 이런 전제들을 받아들여야만 전개될 수 있다.

예컨대 "나는 존재하지 않는다.", "나는 (철학자로서) 어떤 진리 주장도 하지 않는다."는 문장을 생각해 보자. 이 문장들의 의미론적 내용을 "나는 존재하지 않는다고 주장한다.", "나는 어떤 진리 주장도 하지 않는다는 것을 참이라고 주장한다."로 좀 더 분명하게 표현할 경우, 이런 문장들이 언어적으로 비정상적이며 무의미하다는 것을 쉽게 알 수 있다. 이런 문장들의 의미론적 내용은 우리의 언어 사용과 관련된 화용론과 모순된다. 따라서 이런 자기모순은 반드시 피해야 한다.

이런 자기모순은 곧 모든 것을 의심의 대상으로 삼을 수는 없으며, 언어적 표현에 있어 이미 항상 준수하지 않으면 안 되는 전제들이 있다는 것을 말해 준다. 말하자면 우리의 언어생활에서 피해야 할 자기모순이 있다는 것은 곧 우리가 의미 있는 의사소통을 하기 위해서 더 이상 배후를 캐물을 수 없는 최후(또는 최초)의 것이 존재하고 있다는 것과 직결된다. 그리고 이런 선험화용론적인 전제들은 모든 학문의 영역에서 아그리파의 논변형식들이 무제한적으로 관철될 수 없음을 단적으로 드러내 준다. 의미 있는 논증을 하려면 이 논증을 성립시키는 필연적인 전제들을 계속 의심할 수는 없고 그래서 더 이상 그 배후를 캐물을 수 없다는 이 개념이야말로 아펠의 선험화용론에서 최후의 근거지움의 핵심 개념이라고 할 수 있다.

의미 있는 의사소통에 참가하기 위해 누구나 받아들이지 않으면 안 되는 논증 규칙들이나 논증 조건들이야말로 모든 의심을 벗어날 뿐 아니라 오히려 이 의심에 의해 제기된 논의를 가능하게 하는 최후의 근거가 된다. (아펠은 이런 논증 조건으로 문장의 이해 가능성, 명제의 진리성, 언어 발화자의 진실성, 언어 수행의 옳음 등의 네 가지 타당성 요구를 들고 있다.) 회의주의를 반박하려는 아펠의 착상은 이제 분명해진 것 같다. 그것은 "더 이상 배후를 캐물을 수 없는 언어 게임의 선험적인 확실성"을 확보하는 일이다. 이렇게 되면 우리는 마침내 아그리파의 논변형식들에 빠지지 않으면서도 학문을 정초할 수 있는, 더 이상 의심할 수 없는 '아르키메데스의 점'을 찾아낸 셈이다.

우리는 실제 언어생활에서 오류를 저지르지 않을까?

우리는 전통적인 인식론의 영역에서가 아니라 의사소통적인 언어생활의 선험적 조건으로서 아르키데메스 점을 찾아내었다. 이렇게 더 이상 의심할 수 없는 최후의 근거를 확보함으로써 아그리파의 논변형식들은 더 이상 힘을 쓸 수 없게 되었다. 여기서는 최후의 근거가 제시되었기 때문에 어떤 주장의 근거를 제시하라고 요구하고 또 다시 그 근거의 근거를 요구하는 무한 진행의 논변형식은 유효성을 상실하게 되었기 때문이다. 그런가 하면 의미 있는 언어적 삶을 가능하게 하는 선험적 전제들이란 논증을 통해 자신의 입장을 개진하고자 하는 합리적인 사람이라면 반드시 받아들여야만 하는 것이기 때문에 독단적인 전제 설정의 논변형식에서도 벗어났다. 그리고 이렇게 최후의 근거를 제시한다는 것은 근거의 우선순위를 정할 수 있다는 뜻이므로 순환 논증의 논변형식에도 빠지지 않게 되었다.

그러나 모든 인간이란 주관적이며 심리적인 조건에 의해 오류를 범할 가능성을 갖고 있는 존재가 아닌가? 그렇다면 인간이 발견해 낸 최후의 철학적(선험적) 근거 역시 오류일 수 있지 않을까? 더 이상 의심할 수 없는 조건들을 발견해 냈다고 공언하는 일 자체가 인간의 교만함과 그로 인한 약점을 그대로 노출하는 것은 아닐까?

그러나 이런 의문은 주관적인 심리주의와 이론의 자립적인 객관성을 혼동한 데서 비롯된 것처럼 보인다. 누가 인간이 오류에 빠질 수 없다고 말할 수 있을까? 아펠이 말하고자 하는 바는 우리들 인격체가 오류에 빠질 수 없다는 것이 결코 아니다. 그는 모든 가능한 오류와 불충분함에도 불구하고 우리가 바로 오류나 의심까지 포함해서 의미 있게 논의할 수 있는 객관적인 언어적 조건이 존재한다고 주장할 뿐이다. 따라서 "당신도 사람인데 당신이 찾아낸 이론이 어떻게 오류일 리 없다고 주장할 수 있는가?"와 같은 종류의 비판은 감정적이며, 이론의 객관성의 지위에 대한 무지를 드러낼 뿐이다. (만약 이런 식의 비판이 통한다면 이 비판으로부터 벗어날 수 있는 철학자는 한 사람도 없을 것이다!)

무엇보다 선험화용론의 결정적인 공헌은 전통적인 인식론이 행한 근거 제시의 방식을 비판한 데 있다. 즉 전통적인 인식론은 어떤 명제에서 어떤 명제를 도출하는 것만을 근거 제시로 이해하고 있을 뿐이다. 그러나 명제에서 명제를 도출해내는 논리적 추론과 철학적인 근거지움을 동일시하는 것이야말로 근거가 결여된 독단적인 전제에 해당한다. 아펠의 진단에 따르면, 서구의 인식론은 사실상 이런 독단적인 전제를 기반으로 하여 아그리파의 논변형식들을 벗어나려고 하였기 때문에 거꾸로 아그리파의 논변형식들은 불멸의 지위를 누릴 수 있었던 것이다.

의미론적으로만 순수하게 근거를 추구하는 학문의 논리는

그 학문의 논리에 의해 정식화될 수 없는 논의의 선험화용론적 차원을 반영하지 못한다. 의미 있는 논증이 성립하려면 우리는 그 논증을 이미 항상 조건지우는 전제들의 타당성을 인정하지 않으면 안 된다. 이 점을 우리가 반성하면, 모든 영역에서 의미론적 근거를 요구하는 인식론이 매우 적절하지 않은 패러다임을 견지하고 있다는 것을 깨달을 수 있을 것이다. 따라서 전통적인 인식론이 자리 잡고 있는 의미론적인 차원과 (이 차원을 비로소 가능하게 만드는) 선험적 차원이 완전히 다르다는 '선험적 차이(die transzendentale Differenz)'를 간파하지 못하고 모든 논의를 의미론적 차원에서만 구명하려고 하는 가운데 아그리파의 논변형식들에서 빠져나오려 할수록 우리는 그 늪에 빠져들게 된다. 이것은 우리가 의미 있는 논증의 전제들을 의미론적으로 문제 삼게 되면, 다시 말해서 우리가 선험적 차이를 무시한 채 선험화용론적 전제들에 대해서까지 의미론적인 수준에서의 근거를 요구하면 미라가 되었던 아그리파의 논변형식들은 다시 생명을 얻게 된다는 것을 의미한다. 그러나 이것은 매우 우스꽝스러운 일이 될 터인데, 왜냐하면 우리는 이미 항상 의사소통의 선험적 전제를 받아들이는 한에서만 이 전제들에 대한 의심을 제기할 수 있기 때문이다. 예컨대 오이디푸스 왕은 아버지를 살해하고 어머니와 결혼할 것이라는 신탁의 운명으로부터 벗어나려고 노력한다. 그런데 그가 예언이 들어맞지 않기 위해 행하는 모든 시도는 얄궂게도 신탁의 예언을 전제로 해서만 우리에게 비로소 이해될 수 있고 의미를 갖게 된다. 오이디푸스 왕의 비극은 운명을 벗어나려는 그의 온갖 고투가 오히려 예고된 운명을 실현하는 주요한 동인으로 작용한다는 데에 있다.

역사를 이해하는 우리에게 인식론이 무슨 대수일까?

사변 철학과 선험화용론을 통해 우리가 다시 확인하게 된 것은 인식론의 난제란 전통적인 인식론에 머무르는 한 해결될 수 없다는 것이다. 달리 말한다면 아그리파의 논변형식들은 협소한 지성에서만 그리고 전통적인 인식론의 영역에 우리가 머무를 때만 제왕의 자리를 차지할 수 있다. 이것은 우리가 인식론의 영역을 벗어날 때만이 철학적 회의의 주문(呪文)에서 풀려날 가능성이 열린다는 것을 가리킨다. 이제 회의주의와의 대결은 (우리가 인식론에서 아그리파의 논변형식들의 불멸성을 인정함과 동시에) 우리에게 인식에서 삶에로 진입할 것을 요구한다.

　인간의 정신적 삶은 그저 자연의 산물에 불과할까? 실증주의자들은 그렇다고 믿는다. 실증주의자들은 우리의 역사적 삶의 세계를 자연과 대비되는 하나의 고유한 영역으로 인정하지 않는다. 정신의 현상은 자연의 현상의 산물에 불과할 뿐이다. 따라서 그들은 자연을 연구하는 방법이 정신적 삶을 탐구하는 데에도 그대로 적용될 수 있다고 생각한다. 실증주의자의 입장에 의하면 인간의 정신적이며 역사적인 삶은 자연의 현상으로 환원되며, 정신 현상에 대한 인식은 기존의 자연 인식의 하위에 위치하게 된다.

　실증주의자들은 자연 과학의 방법론이 자연 과학뿐만 아니라 정신 과학(사회 과학+인문 과학)을 해명하는 데 있어서도 그대로 관철될 수 있다고 믿는다. 과학의 일원론을 내세우는 **실증주의**에 대항하여 해석학자들은 인간의 정신적 삶이란 결코 자연의 한 현상으로 환원될 수 없음을 역설한다. **딜타이**(Wilhelm Dilthey, 1833~1911)는 자연 과학이 자연의 현상을 탐구 대상으로 삼는 반면, 정신 과학은 결코 자연의 현상으로 환원될 수 없는 인간의 정신적 삶의 사회적이며 역사적인 현실성을 탐구의 대상으로 삼고 있다고 주장한다. 그는 '설명(Erklaren)'과 '이해(Verstehen)'를 구분하면서, 우리는 "자연을 설명하는 데 반해, 정신적 삶은 이해한다."고 말한다. 현대 철학의 중요한 분과 가운데 하나인 **해석학**은 이렇게 자연 과학 중심의 통일 과학주의에 대항하여 정신과학의 자율성과 고유성을 수호하는 뚜렷한 흐름을 만들어 낸다. 해석학의 공헌은 무엇보다도 자연 과학의 방법이나 실증주의의 논의로는 파악할 수 없는 정신 과학, 특히 역사와 예술, 언어의 고유성을 인정한 점에 있다.

그렇다면 도대체 '이해한다'는 것은 무엇을 의미할까? 우리가 무엇인가를 이해하기 위해서 반드시 필요한 것은 무엇일까? 아주 도식적인 예를 들어 보자. 괘종시계가 7번을 치면 우리는 7시가 되었음을 이해한다. 어떻게 우리는 괘종시계가 7번을 치는 의미를 이해할 수 있었을까? 만약 우리가 괘종시계의 종소리에 대해 아무것도 알지 못한 상태였다면 우리는 아무것도 이해할 수 없었을 것이다. 괘종시계를 한 번도 본 적이 없는 아마존 우림에 사는 원주민이 괘종시계가 7번 치는 것을 듣는다면, 그는 그것을 우리처럼 7시를 의미하는 것으로 결코 이해하지 못할 것이다. 그는 자신이 알고 있는 새소리와 비슷한 소리로 그것을 이해할지도 모른다.

그렇다면 우리가 괘종시계에서 울리는 종소리의 의미를 이해하려면 우리는 그것의 의미 이해에 앞서 이미 무엇인가를 이해하고 있지 않으면 안 된다는 이야기가 된다. 괘종시계 종소리에 대하여 이미 항상 무엇인가를 이해하고 있는 사람만이 괘종시계의 종소리의 의미를 이해할 수 있기 때문이다. 그래서 현대 해석학의 거장인 **가다머**(Hans-Georg Gadamer, 1900~2002)는 우리는 무엇인가를 이해하기 위해서는 이미 항상 무엇인가를 암묵적으로나마 이해하고 있지 않으면 안 된다고 결론짓는다. 그에 의하면, 우리가 어떤 것을 이해할 때 우리는 무로부터 갑자기 그것에 대한 이해를 성취하는 것이 아니라 그 이해의 배경으로서 이미 항상 암암리에 '선이해(Vorverstandnis)'를 가지고 있어야 한다.

이런 점에서 본다면, 예컨대 한국인의 애환을 이해하려고 할 경우 이미 항상 한국인이 걸어온 삶을 불명료하게나마 이해하고 있어야 할 것이다. 한국인의 역사적 삶에 무지한 사람이라면, 김소월이 「진달래꽃」에서 읊은 한국 여인의 한(恨)의 정서를 이해할 수는 없을 것이다.

나 보기가 역겨워 / 가실 때에는 / 말없이 고이 보내 드리오리다.//

영변에 약산 / 진달래꽃 / 아름 따다 가실 길에 뿌리오리다.

가시는 걸음 걸음 / 놓인 그 꽃을 / 사뿐히 즈려 밟고 가시

옵소서.//

　나 보기가 역겨워 / 가실 때에는 / 죽어도 아니 눈물 흘리오리다.

― 김소월,「진달래꽃」

　이 시에서 님은 나를 떠나려고 한다. 왜 그럴까? 나만 보면 님은 역겨움을 느끼기 때문이다. 나만 보면 님은 속이 메슥메슥해지고 헛구역질을 한다. 이렇게도 나를 못마땅하게 여기는 님을 위해 화자인 나는 세상에서 가장 아름답게 핀다는 영변의 약산 진달래꽃을 힘들게 꺾어 님이 떠나는 길에 뿌려 주려고 한다. 그가 떠날 때 이 꽃을 밟고 갔으면 하고 바라면서 죽어도 눈물을 흘리지 않겠다고 다짐까지 한다.

　우리 민족의 역사적 굴곡과 결부된 특수한 한의 정서를 모르고서는 이 시를 마음속 깊이 공감하고 이해하기란 매우 어려울 것이다. 나만 보면 역겨워 하는 님을 위해 정성 들여 꽃을 뿌려 준다? 나를 미워하는 님이 떠난다는데 얼른 떠나게 해 주고 욕을 퍼부어야 할 것 아닌가? 도대체 울고불고하며 욕을 해도 부족할 터인데, 꽃까지 갖다 바치는 시의 화자는 제정신이 아니지 않은가? 이 시에는 울고불고해도 다 표현하지 못하는 슬픔이 있고, 역설적으로 죽어도 님을 떠나보내고

싶지 않지만 떠나보낼 수밖에 없는 무력한 안타까움이 녹아 있다. 이 시를 충분히 음미하기 위해서 적어도 이 시를 이해할 수 있을 만큼의 우리 역사나 정서에 대한 선이해가 필요하다는 것은 더 말할 나위가 없을 것이다.

우리가 아무것도 이해하지 못하고 있다면 우리는 어떤 것도 이해할 수 없다. 우리가 이 땅에서 살아가는 유한한 존재로서 삶을 이해하기 위한 유일한 지평은 바로 우리가 이미 항상 갖고 있는 선이해이다. 선이해는 곧 무엇인가를 미리 판단하고 있는 '선입견(Vorurteil)'이라고 할 수 있다. 이해의 유일한 지평으로서의 선입견은 따라서 단지 주관적 의식이 지닌 편협함의 산물로 부정적으로 취급되어서는 안 된다. 그것은 개인의 우연적이고 자의적인 판단의 수준을 넘어서서 개인의 존재가 자리 잡고 있는 역사적 현실성을 드러내는 장(場)이기 때문이다.

예를 들어 우리나라 사람이 갖고 있는 일본에 대한 반감은 단순히 개인적인 선입견의 문제가 아니라 우리 민족의 역사적 경험에 의해 전승된 축적된 이해를 함축하고 있다. 이런 측면에서 선입견이란 역사적 인식을 방해하는 우연적이며 주관적인 제한이라는 부정적 의미로 간단하게 취급되어서는 안 된다. 오히려 유한성과 역사성이 인간 존재의 본래적인 근본

구조라면, 선입견은 우리의 삶을 이해할 수 있게 하는 (우리에게 열려진 유일한) 통로로서 그 가치가 적극적으로 복원되어야만 한다. 그래서 우리가 선입견에 제한되어 있다는 것은 우리가 역사를 이해하는 데 있어 장애가 아니라 오히려 진리가 역사를 통해 스스로를 우리에게 드러내는 계기이다. 가다머는 사태 자체의 규정으로서의 선입견을 모든 이해의 근본 규정성으로 기술한다.

우리가 지니고 있는 선입견이 아그리파의 독단적인 전제 설정의 논변형식에 빠진다는 주장은 선입견을 오로지 개인의 자의적인 판단으로 간주할 때 성립한다. 선입견을 개인의 편협한 이성 사용에서 유래하는 것으로 간주할 때 선입견은 분명 진리의 파악을 방해하는 독단으로 평가될 수 있다. 계몽주의자들이 과학적 이성의 이름으로 온갖 선입견을 제거하려 한 까닭을 우리는 여기에서 찾을 수 있다. 그들에 의하면, 주관적인 가치 판단 즉 선입견을 완전히 제거할 때만이 우리는 진리의 객관성에 도달할 수 있다.

그러나 (정신 과학에 속하는) 문화, 예술, 역사, 철학, 언어 등의 영역에서 우리에게 전승되어 온 선입견을 모두 버리고 (자연 과학의 방법을 이용하여) 완전히 새롭게 그것들을 이해하려고 시도할 경우, 역설적으로 우리가 이해할 수 있는 것은 아무것도 없다. 아무것도 이해하지 못한 바탕 위에서는 어떤 것도 이해할 수 없기 때문이다. 선입견은 우리의 창작품이 아니라 우리에게 전승되어 온 우리 삶의 이해의 터전이다. 그래서 그것은 우리가 우리 삶을 새롭게 이해하려고 할 때마다 이미 항상 구조적으로 전제되어 있는 존재론적 지평의 지위를 갖는다. 이렇게 선입견을 역사와 전승 속에서 살아 움직이는 사태 자체의 존재론적 운동으로 파악할 때, 다시 말해서 우리가 선입견을 마음대로 만들어 내고 제거할 수 있는 것이 아니라 선입견이 삶을 이해하도록 우리를 인도하는 주체로서 활동하고 있다는 것을 인정할 때 선입견은 독단적인 전제 설정의 논변형식에서 벗어난다는 점이 분명해진다. 우리가 삶을 이해할 때 우리는 (반성 이전의) 선입견에 의해 지배되지 않을 수 없고, 이런 맥락에서 우리는 역사와 융합한다.

모든 이해는 명시적으로 이해해야 할 것에 대해 비명시적으로나마 선이해를 가지고 있다. 이해의 이런 '선구조(Vorstruktur)'는 자의적인 창작품이 아니라 존재론적인 이해의 내용을 가지고 있다. 그래서 선이해는 자의성을 털어 버리고 독단적인 전제 설정의 논변형식에서 빠져나올 수 있다. 그러나 이런 이해의 선구조는 이제 다른 문제를 야기하게 된다.

이해는 선이해를 전제로 한다. 즉 이해는 이해의 과정을 인도할 수 있는 선이해를 이미 항상 암묵적으로 지니고 있다. 그런데 이 선이해는 차후 이해의 과정을 통해 명료한 수준으로 고양되어야 할 것이다. 이해는 선이해를 전제하고 있고, 선이해는 이해를 요구한다. 이것은 명백히 아그리파의 순환의 논변형식에 해당한다. 닭(이해)은 달걀(선이해)을 전제하고 있고, 달걀은 닭을 요구한다. 순환의 논변형식은 양자 중 어느 것이 인식적 우선권을 갖는지를 결정할 수 없다는 난점을 드러낸다. 이해와 선이해 가운데 어느 것이 인식적 우선권을 갖는지를 우리는 결코 인식론적으로 해명할 수 없다. 그렇다면 해석학적 순환은 아그리파의 순환의 논변형식의 한 변형에 불과하며, 결국 우리를 다시 회의주의로 인도하는가?

그렇지만 벌써 이런 질문을 하는 데서 전통적인 인식론의 한계가 고스란히 드러난다고 볼 수 있다. 해석학적 순환을 인식론적 순환으로만 간주하는 데서 벌써 문제는 풀릴 수 없게끔 제출되고 말았기 때문이다. 아그리파가 말한 대로 물론 닭과 달걀 가운데 어느 것이 인식적 우선권을 갖는지를 우리는 말할 수 없다. 그러나 인식론적으로 해답을 찾지 못했다고 해서 닭이 생식을 멈추는 것은 아니며, 닭의 일생을 이해할 수 있는 길이 차단된 것도 아니다.

우리는 이해하기 위해 "평균적이고 애매하나마 …… 이미 항상" 주어져 있는 선이해에서 출발한다. 이런 과정을 밟아 성취된 이해는 다음의 이해를 위한 선이해가 된다. 그래서 이해는 A에서 B로, 그 다음 B에서 A로 되돌아가는 무익하고 지루한 폐쇄된 순환이 아니다. 해석학적 순환이란 이해가 선이해가 되고 다음의 이해는 바로 이런 선이해의 과정에 의해 인도되는 열려진 순환을 말한다. 해석학적 순환은 선이해 A1이 이해 B1을 거쳐 선이해 A2가 되고 다시 이 선이해 A2는 이해 B2를 거쳐 선이해 A3가 되는 "한 요소가 다른 요소에 있어서 계속 규정되고 계속 형성되는 …… 나사 모양"의 운동이다. 이 운동은 공전(空轉)하는 회전이 아니라 내용적으로 무한하게 계속 축적되어 가면서 충족되는 순환이다. 그것은 논리적 순환이 아니라 역사적 사태 자체의 자기규정 운동이다.

  해석학적 순환을 아그리파의 순환의 논변형식으로 보는 것은 해석학적 순환의 특성을 무시한 채 모든 순환을 형식 논리적 순환으로 환원할 수 있다고 보는 독단적인 태도에서 비롯된 것이라고 말할 수 있다. 전통적인 인식론은 해석학적 이해를 형식 논리의 틀에 맞추어 왜곡하고 재단시킨 연후에야 그것을 순환의 논변형식에 빠졌다고 비난할 수 있을 뿐이다. 이것은 옷에 옻을 묻힌 연후에 몸에 옻이 올랐다고 비난하는 꼴일 것이다.

해석학적 순환은 결코 악순환이 아니다. 그렇다 해도 어쨌든 우리가 순환에 빠지는 것만은 사실이다. 그러나 이렇게 순환 속으로 빠져드는 까닭은 단순히 우리의 책략에 의한 것이 아니라 정신적 삶의 이해가 해석학적 순환을 통해서만 이루어질 수 있기 때문이다. 이해는 본질상 지식과 관련된 인식론에 선행하고 있다. 이해의 해석학적 순환은 역사적인 존재인 우리의 순환적 삶의 이해 구조를 단순히 논리적 사고의 틀로 보아서는 안 된다는 경고를 담고 있다.

  우리의 삶의 이해의 무대가 인식론이 아니라 삶 자체로 옮겨짐으로써 아그리파의 (악)순환의 논변형식은 힘을 잃게 되었다. 해석학적 순환은 삶의 이해를 위한 필요조건으로서 등장하였고, 그래서 우리는 '순환'이라는 굴레를 두려워할 필요가 없음을 깨닫게 되었다. 그러나 이제 이런 순환은 (악순환이 아님으로 해서) 오히려 우리가 끊임없이 해석해야 하는 아그리파의 무한 진행의 논변형식을 초래하지 않을까?

  해석학적 순환은 새로운 해석에 열려진 개방성의 구조를 가짐으로써만 인식론적 악순환에서 벗어날 수 있었다. 그러나 이미 항상 주어져 있는 선이해와 더불어 시작되는 해석의 운동이 다시 새로운 해석을 위한 선이해가 됨으로써 이런 해석의 운동은 결코 완성에 이를 수 없는 특질을 갖게 된다. 해석의 운동은 무한하게 진행되는 과정이어서 그것은 언제나 '도상에 있을' 뿐이다. 그리고 우리는 유한한 존재이기 때문에 무한하게 진행되는 이해의 최후의 근거를 파악할 수 없다. 이 지점에서 아그리파의 무한 진행의 논변형식은 다시 해석학적 순환을 공격하려고 한다.

그러나 입장을 달리해서 "유한성에 의해 철저하게 규정받는" 존재로서 우리가 이해의 완결성을 획득할 수 있다고 말한다면 그것이야말로 하나의 순수한 환상에 불과할 것이다. 과정이 완결된다는 것은 이제 새로운 내용을 받아들일 수 없다는 뜻이므로 완결성은 폐쇄의 구조를 갖게 된다. 우리 인간이 전체 경험의 폐쇄된 완결성을 획득하는 순간, 그것이 빛나는 순간처럼 보일지 모르지만 우리는 더 이상 인간이 아니게 될 것이다. 우리는 유한하고 역사적인 제약으로부터 해방된 존재가 되어 있을 것이다. 그러나 그렇게 되면 새로운 경험을 위한 원칙적인 개방성은 차단되고, 역사와 함께 주고받는 대화는 소멸되어, 오직 사유의 독백만이 남게 될 것이다.

모든 경험을 다 포섭하고 있는 절대적 지식을 획득한다면, 우리는 절대성을 획득한 초월적인 존재로 재탄생하게 될 것이다. 그러나 이런 절대주의(Absolustismus)가 우리에게 허용된 가능성이 아니라는 것은 우리의 삶 자체가 너무나도 분명하게 가르쳐 준다. 우리가 우리의 유한성과 제약성을 오인하고 환상을 꿈꿀 때만이 우리는 초월적인 관점을 가질 수 있다. 그러나 우리가 환상에서 깨어나 다시 현실적이며 역사적인 삶의 세계로 돌아오면, 우리는 선이해를 바탕으로 열려진 대화를 하는 존재로 탈바꿈하지 않을 수 없다. 그래서 우리는 변화하는 삶의 조건들과 그 관계에 의존해서 끊임없이 새롭게 해석하는 영원한 과제를 떠맡아야 한다. 우리는 해석의 무한한 진행을 즐거이 감내해야 한다.

이렇게 보면 무한 진행의 형식에는 이론적 파멸의 징후가 아니라, 오히려 우리 삶을 끊임없이 새롭게 해석할 수 있는 적극적 가능성이 포함되어 있음을 알 수 있다. 아그리파의 무한 진행의 논변형식은 인식론에서만 무소불위의 위력을 떨칠 수 있을 뿐이다. 유한한 존재임을 절실하게 깨닫는 역사적 존재로서 우리의 삶과 대면하게 되면 무한 진행의 형식은 우리의 삶의 필연적 조건으로 등장하게 되는 것이다. 따라서 그것은 우리가 두려워하고 어떻게든 회피해야 할 늪이 아니라 바로 우리가 우리를 해석하고 이해하며 새롭게 우리의 역사와 전통을 형성해 나가는 삶의 과정 그것이다. 이런 점에서 해석학적 순환이 (형식적 순환에는 빠지지 않는다 하더라도) 무한 진행의 형식에 빠졌다고 비판하는 것은 우리의 삶에 대한 오

만한 무지를 드러내는 것이다. 우리에게는 무한 진행을 중단시킬 수 있는 절대적 지식이 허용되지 않는다. 무한한 이해의 과정 그 속에서만 우리의 정신적 삶은 숨쉬고 살아 움직이는 것이다.

우리가 우리 자신을 유한한 존재로 그리고 역사적 존재로서 이해하는 한, 말하자면 우리의 삶이 이루어지는 선구조에 주목하는 한, 우리는 아그리파가 제기한 인식론적 난제들을 극복할 수 있는 가능성을 재차 확인하게 된다. 인식론을 파탄에 몰아넣었던 아그리파의 핵심적인 세 가지의 논변형식의 그물망 바깥에 해석학적 순환은 위치하고 있었기 때문이다.

이로부터 우리는 이제 "삶은 결코 객관적 인식의 대상이 될 수 없다"고 말해야 하는 막바지 지점에 이르렀다. 이와 더불어 인식론에 있어서 커다란 전회가 마련된다. 즉 삶이 인식의 대상이 아니라 인식이 삶의 관심에 의해 규제된다는 것이다. 인식론은 우리의 삶 전체를 포섭할 수 없으며 단지 삶의 한 파생태에 불과하다. 그러나 이것은 거꾸로 우리 삶의 특정한 분야에서 인식론이 여전히 유효성을 유지하고 있다는 것을 인정하는 것이다. (우리는 또한 이 점을 망각해서는 안 된다!)

우리가 인식론적 물음에 정력을 낭비할 필요가 있을까?

지금까지 우리는 현대 철학의 선험화용론과 해석학을 통해 아그리파가 제기한 인식론의 난제가 인식론의 영역에서가 아니라 우리의 삶을 이루는 요소들에 대한 반성을 통해 해결될 수 있는 가능성을 보았다. 이런 반성적 고찰이 인식론의 영역을 넘어서고 있다는 점은 분명하지만, 그래도 여전히 아그리파의 논변형식들은 심각한 고려의 대상이었고, 인식론은 우리 삶과 관련해서도 일정 정도 의의를 부여받았다. 그러나 철학적 관심이 이렇게 인식론에서 삶으로 이전되면 "삶에서 인식론이 도대체 무슨 필요가 있는가?" 하는 매우 도전적인 물음이 출현하게 된다. 이 물음은 이전과는 다른 새로운 국면을 가리킨다. 여기서 문제의 관건이 되는 것은 더 이상 인식론의 난제에 대한 응답이 아니라 인식론 자체의 존재 의의에 의심을 표하는 정면적인 물음이기 때문이다.

독보적인 네오 프래그머티스트인 로티(Richard Rotty, 1931~2007)는 아그리파가 제기한 인식론적 난제 때문에 쓸데없이 골머리를 앓아 온 역사가 서구의 철학사라고 생각한다. 로티는 단도직입적으로 묻는다. "도대체 우리가 무엇 때문에 인식론에 관해 왈가왈부해야 할까?" 그리고 "우리의 지식에서 불변하는 것을 찾을 수 있든 그렇지 못하든 무엇이 그리 대수인가?"

로티에게 지금 여기에서 우리 삶에 가치 있는 과제는 '실재', '이성', '본성' 등의 개념들과 관련된 인식론이 아니다. 우리가 온통 신경을 써야 하는 것은 "불만족스러운 현재를 어떻게 하면 좀 더 나은 미래로 대치할까?" 하는 것이기 때문이다. "지식이 과연 있는 그대로의 실재를 표상할까?" 하는 인식론의 과제는 우리 삶에서 이해할 수도 없고 특별히 중요하지도 않은 낡아 빠진 철학적 전문 용어이며, 지껄임을 위한 지껄임에 불과하다. 좀 더 나은 미래의 삶이라는 관점에서 보면, 인식론의 물음들은 그럴 듯한 하나의 슬로건에 지나지 않는다. 좀 더 나은 인간의 미래와 희망을 북돋아 주는 데 있어 "마음이 있는 그대로의 사물을 표상하는가?"에 집중된 전통적인 인식론의 문제의식은 전혀 도움이 되지 않는다. 그래서 로티는 "세계와 우리 자신에 관한 서술이 좀 더 나은 미래와 희망을 창조하는 데에 유용한가?"에 주목하자고 말하는 것이다.

전통적인 인식론으로부터 떠나 좀 더 나은 미래, 말하자면 다양성과 자유가 허용되는 미래를 철학적인 핵심 주제로 삼자는 로티의 제안은 곧 찾기와 만듦, 발견과 고안, 객관과 주관, 현상과 본질, 절대적인 것과 상대적인 것 등을 구별하지 말자는 것을 의미한다. 이런 이원론적인 구별을 짓는 용어를 사용하면, 우리는 계속해서 "마음이 있는 그대로의 사물을 표상하는가?"를 중심으로 하는 표상주의적인 (진리대응설의) 인식론의 틀 안에서 맴돌게 될 것이다.

 그래서 삶의 개선을 철학함의 목표로 삼는다면, 우리는 전통적인 철학이 사용해 왔던 어휘와는 다른 어휘를 사용해야 한다. 우리는 "실재와 현상 간의 구별을 좀 더 유용한 것과 좀 덜 유용한 것 간의 구별로 대치"해야 한다. 우리가 우리의 지식이 있는 그대로의 사물과 대응하는가 하는 문제를 삶의 유용성의 문제로 대치한다면, 정말로 존재하는 것을 알고자 한 인식론에서 야기된 여러 철학적 문제들은 자연히 해소될 수 있다. 인식론의 물음을 우리가 떠날 수 있는 것은 우리가 인식의 최종적인 안식처에 도달했기 때문이 아니라 우리가 묻고자 하는 물음의 지평이 완전히 달라졌기 때문이다. 인식론적 탐구에 사용되었던 사다리를 우리는 내던져야 한다. 그래서 로티는 진리 자체를 위해 진리를 추구하는 인식론자가 아니라, 삶의 유용성에 부적당한 낡은 어휘들을 대신할 새로운 어휘들을 창안하고 새롭게 세계를 재서술하는 프래그머티스트가 될 것을 우리에게 권유한다.

프래그머티스트는 표상주의적이며 이원론적인 인식틀의 흔적을 지워 버리면서, 진리를 탐구의 목표로 생각하지 않는다. 그에게 "탐구의 목표는 유용성이다." 프래그머티스트에게 철학적 에너지를 투자할 가치가 있는 중요한 일이란 진리 자체가 아니라, 지금 여기서 무엇을 할 것인가에 관해 의견의 일치를 보는 것이며, 추구해야 될 목표와 이런 목표를 추구하는 데 이용해야 할 수단들에 관해 합의를 산출하는 것이다. 어떤 이론을 논의한다는 것은 우리가 실천해야 할 바를 논의한다는 것이며, 이런 행동과의 연관성이나 조정을 간과한 탐구란 탐구가 아니라 단지 말장난에 불과한 것이다. 프래그머티스트는 이론과 실천 간의 균열을 설정하지 않는다. 왜냐하면 그에게 이론이란 말장난이 아니라 이미 항상 실천이기 때문이다.

따라서 로티가 볼 때, 이제 제기되어야 하는 올바른 물음은 "우리가 갖고 있는 지식이나 믿음이 있는 그대로의 실재인가 아니면 현상에 지나지 않는가?" 하는 것이 아니라, "그것이 우리의 욕망을 충족시킬 수 있는 최선의 행동 습관인가?" 하는 점이다. 이런 물음은 "이 프로그램을 나의 컴퓨터에 심는 것이 어떤 목적에 유용한가?"라는 물음과도 같다. 어떤 누구도 컴퓨터에 심어진 소프트웨어가 정확하게 바깥 실재를 표상하는가에 관해 알지 못하며 또한 관심도 없다. 여기서 관심을 두어야 하는 것은 그것이 과제를 달성하는 데 가장 효과적인 소프트웨어인가 아닌가 하는 점이다. 이런 관점에 서면 어떤 믿음이 참이라고 말하는 것은 어떤 대안적인 믿음도 이 믿음보다 더욱 나은 행동 습관이 아니라는 것을 말하는 데 지나지 않는다.

프래그머티스트에게 우리의 지식이란 밖에 존재하는 것을 복사하려는 기도가 아니라, 인간 유기체가 외부의 환경을 다루기 위한 도구이며 또한 인간 유기체와 우주 사이의 굉장히 복잡하고 인과적인 연관의 산물이다. 그에게 모든 인간의 탐구란 "잠정적인 목적에 기여하고 잠정적인 문제들을 해결하는 시도"이며, 인간이란 환경에 대처하고자 최선을 다하는 동물 이상도 이하도 아니다. 프래그머티스트는 쾌락은 증대하고 고통은 감소될 것이며 인간에 의해 인간의 굴욕이 멈추어야 한다는 희망을 품고서, 여러 도구들과 행동 습관들을 개발하는 데 전력하고자 한다.

로티는 전통적인 인식론의 구별의 틀을 폐기하고 유용성의 관점을 취할 때 현대 사회에서 인간을 괴롭히는 여러 곤경들에 대해 탄력적으로 대응할 수 있다고 생각한다. 잠정적인 문제에 대한 잠정적인 해결만을 목표로 하기 때문에, 프래그머티스트에게 중요한 것은 종결되고 닫혀진 논의가 아니라 자유롭고 지속적인 대화이다. 물론 이 대화는 절대적인 것에 대한 지식의 추구가 아니라, '세상사에 잘 대처하려는' 실천적인 행위와 연결된 것이다. 프래그머티스트는 지식을 희망으로 대치하고자 한다. 이렇게 해서 우리는 인식론의 무용성까지 주장하는 극단적인 입장과도 만나 보았다.

7

다시 **인식론**으로?

우리는 지금까지 지식의 기원과 본성, 한계를 다루는 인식론의 철학사적 전개를 근세 철학을 중심으로 살펴보았다. 서양의 근세 철학은 인식론 중심 철학이라 명명되며, 인식론의 본격적인 탐구는 데카르트로부터 시작되었다 해도 과언이 아니다. 이런 점에서 우리도 데카르트와 함께 길을 떠났다.

흔히 인식론은 진리대응설(correspondence theory), 진리정합설(coherence theoty), 진리실용설(pragmatism)로 분류되어 설명된다. 진리대응설은 인식과 우리 외부에 실재하는 대상이 일치할 경우 지식을 참된 지식(진리)으로 보며, 진리정합설은 외부의 대상과의 일치 여부와는 상관없이 우리가 갖고 있는 지식이 체계 내에서 일관성을 유지할 경우 그것을 진리로 간주하고, 진리실용설은 실생활에서 그 지식이 쓸모가 있다면 그 지식을 진리로 여기는 것을 일컫는다. 그러나 인식론을 이렇게 분류하고 정리하는 것은 형식적으로는 충분할지 몰라도, 실재의 내용에 있어서는 별로 만족스럽지 못하다. 그것은 표피적인 정보와의 만남을 허락할 뿐이다. 한 철학자가 개진하고 있는 인식론은 인식론의 철학사적 전개 속에서야 비로소 그 충실한 내용을 얻을 수 있고, 좀 더 심층적으로 이해할 수 있는 발판을 마련할 수 있다. 또한 철학자의 인식론이 진리대응설, 진리정합설, 진리실용설의 어느 하나로 재단할 수 없는 경우도 심심찮게 발견된다. 이런 맥락에서 우리는 지금까지 소박 실재론에서 출발해서 인식론의 핵심 문제를 다루면서 마침내는 인식론의 무용성까지 개진하는 여러 입장들의 발전사를 살펴보았던 것이다.

 우리는 "우리의 지식이 과연 믿을 만한 것인가?"를 추적해 오면서 이런 심사 과정에는 반드시 회의주의가 기생할 수밖에 없다는 것을 경험하였다. 그것은 천리마(千里馬)를 타고 있는 파리와도 같은 존재였다. 천리마가 아무리 그것을 털어 버리려 내달려 보아도 그것은 언제나 천리마와 같이 내달린 존재였다. 우리는 이런 절망의 과정을 거쳐서 인식론에서 회의주의를 극복하기란 원리적으로 불가능하며, 따라서 회의주의와 함께 하지 않으면서 회의주의를 넘어설 수는 없다는 자각에 이르렀다. 이 자각과 더불어 우리는 인식론이 자리 잡고 있는 지반에 대한 전면적인 반성이 필요함을 인지하게 되었다. 우리의 삶의 근본 조건에 비추어서 인식론의 위상은 재조명되었으며, 그것의 고유한 의의와 더불어 효용의 한계도 드러나게 되었다. 인식론의 한계는 삶의 실천의 관점에서 인식론의 무용론으로까지 확대되었다. 인식론의 무용성의 입장에 도달하기까지 우리는 다양하고 대립적이기까지 한 여러 입장들을 경유하여 기나긴 여정을 걸어온 셈이다.

인식론과 관련하여 현대 철학의 대표적인 몇몇 분과를 살피는 가운데 삶의 실천적인 측면에서 인식론은 처리되었고 비판되었다. 그러나 중요한 사실은 우리가 인식론의 제한적인 효용성이나 전면적인 무용성을 주장한다 해도, 그것은 바로 인식론적 물음 자체에 대한 숙고를 통하지 않으면 안 된다는 것이다. 우리는 인식론의 한계에 대한 철저한 반성을 통하지 않고서 인식론의 물음으로부터 자유로울 수 없다. "우리가 세계를 정말로 알 수 있는가?" 하는 물음은 우리의 삶을 되돌아보게 하고 우리의 삶의 방향을 정하는 데 있어 시금석과 같은 역할을 한다. 이 물음은 일방적으로 무시함으로써 극복될 수 있는 것이 아니라, 근원적인 숙고를 통해 낱낱이 해명함으로써만 해결(혹은 해소)될 수 있고, 나아가 이런 경우에 있어서만 우리는 인식론적 지평을 폐기할 수 있는 자유를 획득한다. 어쩌면 인식론이란 우리가 사나운 지식의 강을 건너오기 위해 의지했지만 건너온 후에는 버려야 할 사다리인지도 모른다.

이론과 실천이 분리할 수 없을 만큼 연결되어 있다는 점은 분명해 보인다. 인식론자가 지식론에 관심을 집중한다고 해서 인간의 실천적 측면이나 좀 더 나은 삶의 미래에 관심이 없다고 단정하는 것은 지나친 과장인 것 같다. 인식론적 물음을 주요 주제로 다루는가의 여부와는 상관없이 우리가 모두 좀 더 나은 삶의 개선을 바라는 것은 사실일 것이다.

그러나 무조건 삶의 개선을 외치는 것은 우리를 미혹된 길로 인도할 수도 있다. 삶의 질을 개선하기 위해서도 우리는 우리가 지니고 있는 세계의 앎에 대한 본성과 한계를 반성할 필요가 있다. '인식에서 실천으로'의 전회는 사실상 인식론적 물음과의 고투를 통해서만 그 의의를 획득할 수 있다. 이런 점에서 지식을 검사한다는 생각은 낡아 빠진 것이 아니라, 우리가 인간적인 삶을 유지하고 추구하는 한 필수적으로 요구되는 요소일 것이다. 최소한 우리가 세계를 의식하는 자기의식적인 존재로서 우리 자신을 규정할 수 있다면, 무엇인가 세계에 관해서 확실한 것을 알려는 인식적 탐구는 본격적으로 우리가 우리 자신을 알아 가는 필수 과정일 것이다. 우리 자신의 삶에 대한 개안(開眼)을 하기 위해서 우리는 우리가 이제껏 걸어온 인식론의 고통스러운 길을 다시 새롭게 되돌아보지 않으면 안 될 것 같다.

더 읽어 볼 책들

- 나이젤 워버턴, 최희봉 옮김, 『**철학의 근본문제에 관한 10가지 성찰**』(1997, 자작나무).
- 앙드레 베르제즈 · 드니 위스망, 이정우 옮김, 『**새로운 철학강의1: 논리학 및 인식론**』(인간사랑, 1991).
- 샤하트, 정영기 · 최희봉 옮김, 『**근대철학사: 데카르트에서 칸트까지**』(서광사, 1993).
- 소피아 로비기, 이재룡 옮김, 『**인식론의 역사**』(카톨릭대학교출판부, 2005).
- 존 호스퍼스, 이재훈 · 곽강제 옮김, 『**철학적 분석 입문**』(담론사, 1997).

민음 지식의 정원 철학편 004

인식론
우리가 정말로 세계를 알 수 있을까?

1판 1쇄 펴냄 2009년 12월 18일
1판 8쇄 펴냄 2023년 9월 14일

지은이 | 황설중
발행인 | 박근섭
펴낸곳 | ㈜민음인

출판등록 | 2009. 10. 8 (제2009-000273호)
주소 | 06027 서울 강남구 도산대로 1길 62 강남출판문화센터 5층
전화 | **영업부** 515-2000 **편집부** 3446-8774 **팩시밀리** 515-2007
홈페이지 | minumin.minumsa.com

도서 파본 등의 이유로 반송이 필요할 경우에는 구매처에서 교환하시고
출판사 교환이 필요할 경우에는 아래 주소로 반송 사유를 적어 도서와 함께 보내주세요.
06027 서울 강남구 도산대로 1길 62 강남출판문화센터 6층 민음인 마케팅부

ⓒ 황설중, 2009, Printed in Seoul, Korea

ISBN 978-89-94210-05-6 04100
ISBN 978-89-94210-01-8(세트)

㈜민음인은 민음사 출판 그룹의 자회사입니다.